Geheime Orte
in Berlin

Geheime Orte
in Berlin

**Ein Ausflugsführer
für die ganze Familie**

Claus-Dieter Steyer

nicolai

Unser Newsletter und unsere Facebook-Seite informieren Sie über aktuelle Bücher und alle anderen Neuigkeiten unseres Verlags.

www.nicolai-verlag.de

nicolai *Der Hauptstadtverlag*

© 2014 Nicolaische Verlagsbuchhandlung GmbH, Berlin
Lektorat: Dorothea Wunderling
Herstellung: Christine Noack

Printed in the EU

ISBN 978-3-89479-847-5

INHALT

TOUR 10   MAUER UND GRENZE

Einladung zum Entdecken

Touristen und Einheimische kennen das Brandenburger Tor und den Reichstag, den Fernsehturm und den Alexanderplatz, die Museumsinsel, den Potsdamer Platz, die Gedächtniskirche und noch einige Lieblingsplätze im jeweiligen Kiez. Aber die Großstadt bietet darüber hinaus eine Fülle weiterer Entdeckungen, auch jenseits des Spektrums gewöhnlicher Reiseführer. Die verstecken sich manchmal in alten Industrieanlagen, hinter Mauern, auf Friedhöfen, aber auch an Hauptverkehrsstraßen, in gewöhnlichen Wohnvierteln und Wäldern oder an Bahnstrecken, auf Inseln und in ehemaligen Funkhäusern. Und selbst vermeintlich bekannte Orte wie das Olympiastadion, der ehemalige Flughafen Tempelhof und die Abhörstation auf dem Teufelsberg im Grunewald beherbergen unerwartete Geheimnisse.

Wer sich auf den Weg macht, sie zu erkunden, taucht tief in die Geschichte ein. Dafür braucht niemand eine Expeditionsausrüstung, nicht einmal Gummistiefel, Schutzhelm oder andere spezielle Kleidungsstücke sind erforderlich. Die in diesem Buch nach Berliner Bezirken zusammengestellten Touren sind sogar für die ganze Familie geeignet.

Mancher Leser wird vielleicht das eine oder andere Ziel vermissen. Aber es musste, wie so oft, eine Auswahl von besonders lohnenswerten Orten getroffen werden. Aufnahme in das Buch fanden nur Orte, die in der Regel jederzeit frei zugänglich oder auf möglichst täglich stattfindenden Führungen zu besichtigen sind. Auf Gebäude und Anlagen mit langen Anmeldefristen, einmaligen Öffnungszeiten zum Tag des offenen Denkmals im September oder Fotografierverbot selbst für private Zwecke wurde deshalb verzichtet.

Ebenso spielte die Sicherheit eine große Rolle. Auch wenn eine gewisse Abenteuerlust das Vergnügen auf den einzelnen Touren steigert, sollte doch niemand gezwungen sein, über Zäune auf privaten Grund und Boden zu klettern oder sich selbst in Gefahr zu bringen. Jedes Kapitel wird durch einen Extra-Tipp ergänzt, der in der Regel ein weiteres in der Nähe liegendes Ziel empfiehlt.

Auf jeden Fall erwarten die Ausflügler an jedem Ort viel Geschichte und viele Geschichten, die die außergewöhnliche

In der einstigen irakischen Botschaft sind viele ungewöhnliche Fundstücke zu entdecken.

Vielfalt Berlins widerspiegeln. Nirgendwo sonst finden sich so viele Spuren gesellschaftlicher Umbrüche, der 28 Jahre dauernden Teilung einer Großstadt oder des Aufbruchs einer Metropole in eine ganz neue Rolle in Deutschland und der ganzen Welt.

Die Texte entstanden nach Gesprächen mit Zeitzeugen, Recherchen vor Ort, Besuchen in Museen und Ausstellungen, dem Studium von Chroniken, Büchern und Zeitungen sowie nach Teilnahme an Führungen und dem Austausch mit Berufskollegen. Dabei bestätigte sich die Vermutung, dass es gerade in Berlin nicht an spannenden und gleichzeitig geheimen Orten mangelt. Am Schluss jedes Kapitels wird, im Unterschied zu anderen Veröffentlichungen über solche Ziele, die Wegbeschreibung nicht verschwiegen. Damit steht dem vergnüglichen Entdecken neuer Seiten in Berlin nichts im Wege. Autor und Verlag wünschen dabei viel Spaß.

Claus-Dieter Steyer

Peter-Behrens-Gebäude in Oberschöneweide

Paternoster, ein afghanischer König und eine tolle Aussicht oberhalb mächtiger Wasserbecken

Das Schild in der fünften Etage fordert zum Aussteigen auf. Wer den Aufzug nicht schnell genug verlassen kann, braucht jedoch nicht in Panik zu verfallen. »Weiterfahrt durch Boden und Keller ungefährlich«, heißt es zur Beruhigung wenige Sekunden später schwarz auf weiß. Dennoch greift die Hand vorsichtshalber zum Griff an der Seite und schon kann die durchgehende Fahrt mit dem Paternoster beginnen. Zwar

Der 1971 gebaute Paternoster im Peter-Behrens-Haus überwindet fünf Etagen.

stellen sich im Kopf gleich die Bilder aus einem Film mit Charlie Chaplin oder heiteren Fernsehsendungen ein, in denen sich die Kabinen am oberen Ende der Anlage umdrehen und kopfüber wieder herunterfahren. Aber dann passiert der Aufzug im Handumdrehen den oberen Wendepunkt und schon geht es im parallel verlaufenden Schacht wieder hinunter.

Im Jahre 1971 ist dieser Paternoster im Aufzugswerk Leipzig gebaut worden, wie der Firmenplakette zu entnehmen ist. Die hellbraune Kunststoffbeschichtung »Sprelacart« ist ebenso historisch wie die Konstruktion selbst an einem ungewöhnlichen Ort inmitten von Oberschöneweide: Das Peter-Behrens-Gebäude am Ende der Wilhelminenhofstraße überragt mit seinem 58 Meter hohen Turm die gesamte Industrielandschaft. In den Jahren 1915 bis 1917 und damit mitten im Ersten Weltkrieg nach Plänen des Architekten Behrens im Auftrag des AEG-Gründers Emil Rathenau erbaut, steckt es voller Geschichte und einiger interessanter Orte.

Wegweiser zeigen vom ziemlich einzigartigen Lichthof, der eher an ein Renaissance-Theater oder einen Palast aus »1001 Nacht« erinnert, zu einem Saal mit dem Namen Aman Ulla, der den meisten wahrscheinlich unbekannt ist. Hinter der schweren Eichentür in der ersten Etage steht der Besucher in einem von einem riesigen runden Tisch und 18 kompakten Stühlen bestimmten Raum. Mit einem Durchmesser von mindestens fünf Metern dürfte das Exemplar zu den größten Tischen in ganz Berlin gehören. Ein gewaltiger Kronleuchter ergänzt die Ausstattung ebenso wie ein Kamin, der sich jedoch bei genauem Hinsehen als Attrappe entpuppt.

Es grenzt schon an ein Wunder, dass der »Aman-Ullah-Saal« überhaupt noch existiert, angesichts des Auf und Ab in der Weltgeschichte und gerade im Industriegebiet von Oberschöneweide. Leider findet man im Raum selbst keine weiteren Hinweise zu Aman Ullah. Geschichtsbücher und alte Chroniken liefern aber interessante Informationen: So handelt es sich bei Amanullah Kahn, wie die exakte Schreibweise lautet, um einen früheren afghanischen König. Er besuchte 1928 Berlin, das ihn damals förmlich auf Händen trug. Eigens für seinen kurzen Besuch im heutigen Peter-Behrens-Gebäude entstand damals jener Besprechungsraum. Der Grund für die hier abgehaltenen Gespräche hatte vier Räder, denn in den Räumen und auf den

Der Aman-Ulla-Saal erinnert an einen König, der einst Autos in Oberschöneweide kaufen wollte.

Flächen rund um den Saal schraubten und montierten Hunderte Arbeiter damals Personen- und Nutzkraftwagen der AEG-Tochter NAG (Nationale Automobil-Gesellschaft).

Tanks für 60 Kubikmeter Wasser

Der König hatte zwar Interesse am Import von Autos in sein orientalisches Heimatland, aber die unterzeichneten Abkommen verloren ihre Gültigkeit, nachdem Amanullah Kahn nach der Rückkehr von seiner Europareise entmachtet wurde. Es blieb der Name für den pompösen Besprechungsraum. Selbst die Partei- und Betriebsleitung des »Werks für Fernsehelektronik« in der DDR, die Chefs des koreanischen Konzerns Samsung, die hier von 1993 bis 2006 das Sagen hatten, und die heutigen Eigentümer des Gebäudes der britischen Immobilienfirma Comer beließen den Saal in seiner Ausstattung und mit seinem Namen.

Nach dem Besuch des Saals wartet auf die Besucher mit dem Obergeschoss des Turms noch ein weiterer Höhepunkt. Zwei

Kein Theater, sondern das Innere des weithin sichtbaren »Rathausturms«.

riesige Tanks mit einem Fassungsvermögen von je 60 Kubikmetern Wasser erklären den eigentlichen Grund für den Turmbau. Es sollte stets eine ausreichende Menge an Wasser für die Industrieproduktion zur Verfügung stehen. Beim Blick aus den Fenstern des Obergeschosses oder von der obersten Plattform werden die Ausmaße des einstigen Industriegebietes von Oberschöneweide deutlich, das einst 25.000 Menschen einen Arbeitsplatz bot. Heute ist nur noch ein Bruchteil des Areals in Gebrauch. Für die meisten Produktionshallen wird eine Nachnutzung gesucht, einige bieten Künstlern einen

STECKBRIEF

Als »Rathaus von Oberschöneweide« wurde das wuchtig wirkende Peter-Behrens-Gebäude lange Zeit vor allem wegen seines 58 Meter hohen Wasserturms bezeichnet. Fast vergessen ist dabei die ursprüngliche Bestimmung des 1917 eröffneten Baus. Hier produzierte die AEG-Tochter Nationale Automobil-Gesellschaft (NAG) bis 1934 Autos, ehe danach die Herstellung von Telefunken-Sendeanlagen, Rundfunkröhren und Fernsehempfängern begann. Zu DDR-Zeiten arbeitete hier das Werk für Fernsehelektronik mit 9.500 Beschäftigten. Davon blieben nur 800 übrig, als das koreanische Unternehmen Samsung das Werk 1993 kaufte und bis 2005 für die Farbbildröhrenproduktion nutzte. Heute gehört das Gebäude der britischen Comer-Gruppe, die zahlreiche Räume an die Hochschule für Technik und Wirtschaft und kleinere Unternehmen vermietet.

Informationen

Der Industriesalon Schöneweide zeigt in seinen Räumlichkeiten in der Reinbeckstraße 9–10 die Exponate des einstigen Museums des Werks für Fernsehelektronik und viele Zeitzeugenberichte. Er ist mittwochs, freitags und sonntags von 14 bis 18 Uhr geöffnet. Die Mitarbeiter organisieren regelmäßig Besichtigungstouren durch das Industrieviertel, die auch das Peter-Behrens-Gebäude einschließen. Das Haus selbst steht offen für Besichtigungen, Schlüssel für den Turm und den Aman-Ullah-Saal sind bei der Verwaltung im Eingangsbereich zu erfragen. Tel. 030/53 00 70 42, www.industriesalon.de

Anreise

Das Peter-Behrens-Gebäude in der Ostendstraße 1 in Schöneweide liegt am Ende der Wilhelminenhofstraße und ist mit der Straßenbahnlinie 63 vom S-Bahnhof Schöneweide in Richtung Köpenick zu erreichen.

Einkehr

Am Ende der Reinbeckstraße und kurz vor dem Industriesalon hat im ehemaligen Pförtnerhaus das Café Schoeneweile eröffnet, das in besonderer Umgebung Imbissmöglichkeiten bietet.

Erlebnismöglichkeiten

In der Umgebung des Peter-Behrens-Gebäudes haben sich viele ehemalige Industriehallen zu Ateliers und Künstlerwerkstätten verwandelt. Viele sind öffentlich zugänglich. Das trifft auch auf die imposanten Rathenauhallen in der Wilhelminenhofstraße 83–85 zu, in denen einst das Kabelwerk Oberspree produzierte und die heute die meiste Zeit leer stehen. In den Hallen neben dem Industriesalon besteht die Chance, den kanadischen Sänger und Künstler Bryan Adams zu treffen. Er hat die Gebäude im Jahre 2013 gekauft.

→ Extra-Tipp

Auf dem 1902 angelegten Waldfriedhof Oberschöneweide in der Straße An der Wuhlheide 131 c befinden sich zahlreiche beeindruckende Grabstätten. Das älteste Grabmal gehört der Familie Rathenau. Es wurde erst vor einigen Jahren restauriert. Hier erhielt der 1922 ermordete Reichsaußenminister Walter Rathenau ein Ehrengrab des Landes Berlin.

tollen Arbeitsort. Der Einzug der Hochschule für Wirtschaft und Technik mit 6.000 Studenten hat das ganze Viertel in den letzten Jahren verändert. Das Peter-Behrens-Gebäude ist Teil des Campus geworden, die Studenten gehen hier ein und aus.

Funkhaus Nalepastraße in Oberschöneweide

Eine Rarität voller Überraschungen aus alten Radiozeiten und zeitgenössischer Kunst

Sie sind mal rund und mal eckig, tragen entweder Ziffern oder nur Striche, besitzen einen schwarzen, weißen, silbernen oder holzfarbenen Untergrund, haben teilweise eine Glasabdeckung erhalten oder zeigen sich ohne jeglichen Schutz: die Uhren hinter dem Haupteingang zum Funkhaus an der Nalepastraße. Rund ein Dutzend ganz unterschiedlicher Exemplare hängt hier an der Wand. Sie spiegeln recht anschaulich die bewegte Geschichte des riesigen Geländes direkt an der Spree wieder. Ab 1956 hatten hier rund 5.000 Angestellte die DDR-Radioprogramme sowie Hörspiele und Musikaufnahmen produziert. Beim Ausräumen der Aufnahme- und Sendestudios, der großen Archivräume, der Konferenzsäle und der Kantinen hatte wohl jemand die geniale Idee, die Uhren als Zeitdokumente aufzubewahren.

Dutzende Uhren bezeugen die lange Geschichte des DDR-Rundfunks in der Nalepastraße.

Der siebengeschossige und weithin sichtbare Turm des Funkhauses ist vom Bauhaus geprägt.

So erzählen sie heute von einer Zeit vor der Digitalisierung unseres Alltags, den Computern oder einer elektronisch gesteuerten Musik und damit von einer völlig anderen Aufnahme- und Sendetechnik des Radios. Das Funkhaus in der Nalepastraße entführt den Besucher damit ziemlich ungeschminkt zurück in die 1950er- bis 1980er-Jahre. Denn die lang geplante große Restaurierung der Gebäude fiel genau in die Wendezeit 1989/90 und deshalb einfach aus, worüber sich heutige Entdecker nur freuen können.

Denn dieser Umstand macht das riesige Funkhaus zu einer Rarität nicht nur tief im Osten Berlins. Schäden durch Vandalismus und Leerstand, die sich nach der Aussetzung aller DDR-Programme und dem Auszug der meisten Rundfunkleute zum

31. Dezember 1991 fast zwangsläufig einstellten, sind größtenteils behoben worden. Keine modernen Einbauten stören die Wirkung des alten Ensembles. Selbst die großen Schränke, in denen einst die akribisch archivierten Aufnahmebänder lagerten, stehen noch in den bis zu 150 Meter langen Fluren – natürlich ohne Inhalt. Dabei ist das Funkhaus kein Museum. Künstler aller Genres und jeden Alters fühlen sich in vielen Räumen offensichtlich ausgesprochen wohl und stellen ihre Werke immer wieder auf den Gängen aus. Ein Wachschutz im alten Pförtnerhaus behält die Übersicht, und die regelmäßig stattfindenden Führungen öffnen den Besuchern sogar die Türen zu den berühmten Aufnahme- und Konzertsälen. Spontan eintreffende Neugierige kommen auch ohne organisierte Führung aufs sehenswerte Gelände. Die Milchbar ist täglich geöffnet und kann von jedermann besucht werden. Ein kurzes Hallo beim Pförtner genügt. Dennoch gilt die Anlage nach wie vor als Geheimtipp.

Schon von außen verfehlen die Gebäude mit dem siebengeschossigen Turm ihre Wirkung nicht. Ähnlichkeiten zum Bauhausstil sind unverkennbar und nicht zufällig: Entworfen wurde das Funkhaus von dem Architekten Franz Ehrlich, der einst am Bauhaus studierte und später Mitarbeiter von Walter Gropius war. Säulen und Blenden aus Sandstein lockern die verklinkerten Fassaden auf. Nur einen repräsentativen Eingang zu dem aus vier Einzelteilen bestehenden Ensemble sucht man vergeblich.

600 Pfeifen im Großen Sendesaal

Bemerkenswert sind schon im Eingangsbereich die hölzernen Wandverkleidungen aus den berühmten Hellerauer Werkstätten. Diese finden sich auch im Großen Sendesaal im Block B, dem Höhepunkt jeder Führung, denn die Akustik in diesem Raum zieht bis heute Musiker und Orchester aus aller Welt in die Nalepastraße. Doch auch ohne Musik geraten die Besucher schnell ins Staunen über die Ausgestaltung dieses großen Raumes, der sich am besten aus einem der tiefen Sessel im Zuschauerparkett erleben lässt. Gegenüber hängt die mächtige Orgel mit 600 Pfeifen. Dazwischen liegt auf dem Parkett der

Die Akustik des Großen Sendesaals begeistert bis heute Musiker und ganze Orchester.

Platz für die Orchester, Musikgruppen oder Solisten, während sich die Aufnahmeleitung mit den großen Regiepulten hinter zwei großen Scheiben an einer Seite befindet.

Beim genauen Hinsehen lässt sich sogar das Geheimnis der guten Akustik lüften. Es handelt sich im Großen Sendesaal um einen »Haus-im-Haus-Bau«, der sämtliche Geräusche von außen nicht nach innen dringen lässt. Das hat Jahrzehnte lang selbst dann ausgezeichnet funktioniert, als Flugzeuge von und nach Tempelhof ständig über Oberschöneweide flogen. Dieselbe Bauweise wurde auch im großen Konferenzraum eingesetzt, wo selbst ein Flüstern in jeder Ecke zu hören ist.

Zum Schluss des Rundgangs bleibt noch die Frage nach dem Sendeturm des Funkhauses. Erstaunlicherweise gab es nie einen, nicht zuletzt wegen des Tempelhofer Flughafens. Stattdessen führte ein langes Kabel bis zu den großen Sendetürmen auf dem Funkerberg in Königs Wusterhausen. Nach der Inbetriebnahme des Fernsehturms auf dem Alexanderplatz nutzten auch die Radiostationen dessen Antennen in mehr als 360 Meter Höhe.

STECKBRIEF

Das Funkhaus in der Nalepastraße diente zwischen 1956 und Ende 1990 den Rundfunkstationen der DDR als Produktionsstätte. Erbaut wurde es vom Architekten Franz Ehrlich. Heute steht das Areal an der Spree größtenteils unter Denkmalschutz. Nach mehreren missglückten Privatisierungsversuchen nach der Wende gehören die Gebäude seit 2006 der Keshet Geschäftsführungs GmbH & CO. Rundfunk-Zentrum Berlin KG. Sie vermietet Räume für Tonaufnahmen, an Künstler und für Filmaufnahmen.

Informationen

Regelmäßig werden rund zweistündige Führungen durch die Gebäude angeboten. Informationen unter www.nalepastrasse.de

Anreise

Das Funkhaus Berlin in der Nalepastraße 18–50 ist mit der Straßenbahnlinie 21 zu erreichen. Sie fährt unter anderem von den S-Bahnhöfen Schöneweide und Rummelsburg ab. Von der Haltestelle Blockdammweg dauert der Fußweg nur wenige Minuten.

Erlebnismöglichkeiten

Im großen Sendesaal finden öffentliche Konzerte statt, die besucht werden können. Das Klangerlebnis gilt hier wegen der besonderen Akustik als einzigartig.

Einkehr

Auf dem Gelände des Funkhauses lädt die Milchbar nahezu täglich zu kleinen Snacks ein. Die Räumlichkeiten bieten viele originale Gegenstände aus der Zeit vor 1990.

→ Extra-Tipp

Von der Nalepastraße ist es nur ein kurzer Fußweg über die Spreeschlossstraße bis zur Anlegestelle Wilhelmstrand der BVG-Fähre F 11 nach Baumschulenweg. Dabei handelt es sich um die älteste Fährverbindung Berlins, wurde sie doch bereits zur großen Gewerbeausstellung 1896 im Treptower Park in Betrieb genommen.

Kulturpark Plänterwald

Mit der Dschungelbahn zu einem wie
von Geisterhand angetriebenen Riesenrad

Der Express fährt von der Traumwelt mitten in Treptow nicht
mehr – wie sein Name vermuten lassen könnte – nach Santa
Fe, sondern direkt in den Dschungel. So verspricht es jedenfalls
die Tafel an der provisorischen Abfahrtsstelle des ungewöhnlichen Zuges. Ein kurzer Blick entlang der Schienen macht
zumindest neugierig: Sträucher, kleine Bäume und vor allem
dichtes Gestrüpp lassen die Gleise fast im Grün verschwinden.
Einzelne Gebäudeteile ragen nur noch schemenhaft aus dem
Blätterwald heraus. Die Fahrt könnte also spannend werden,
zumal einige Passagiere von »Kindheits- und Jugenderinnerun-
gen« erzählen. Einen Dschungel habe es damals aber nicht
gegeben, erklären sie.

Tatsächlich schleppt die einer nostalgischen Western-Lok
nachempfundene Zugmaschine die offenen Wagen durch ein
dschungelartiges Labyrinth. Ein ums andere Mal dürfen sich
die Fahrgäste nicht allzu weit aus den Fenstern herauslehnen,
um nicht von langen Zweigen eines Baumes oder einer aus
einer Hausmauer ragenden Grünpflanze getroffen zu werden.
Aber so gehört sich das wohl für eine Dschungelfahrt, auf der
es schließlich auch wildromantisch zugehen soll.

Der Blick aus diesem Zug fällt allerdings nicht auf eine über
Jahrhunderte gewachsene »grüne Hölle«, sondern auf den
von der Natur in Windeseile zurückeroberten »Kulturpark
Plänterwald«, nach der Wende in »Spreepark« umbenannt.
Seit 2001 dreht sich auf dem Gelände des einst einzigen stän-
digen Vergnügungsparks der DDR im Plänterwald kein Rad
mehr. Einige mehr oder weniger ernst gemeinte Wiederbele-
bungsversuche des Spreeparks schlugen bisher fehl.

Zum Glück wurde bei einem solchen Versuch im Jahre 2011
die Idee geboren, die ehemalige Parkbahn »Santa Fe« wieder in Betrieb zu nehmen. Denn es macht schon viel Spaß,
auf diese Weise durch eine geheimnisvolle Landschaft voller
Entdeckungen zu fahren. Wie lange die Bahn noch durch den
»Dschungel« im Plänterwald in unmittelbarer Nähe zur Spree
ihre Runden drehen wird, steht in den Sternen. Angesichts der

»Fahrt frei« für eine Zeitreise durch den früheren Freizeitpark.

seit langem bestehenden Ungewissheit über die Zukunft des Geländes, der Bank- und Steuerschulden der letzten Betreiber in Millionenhöhe, der Dimensionen des Parks sowie der Größe der zu beseitigenden Ruinen dürfte sich jedoch auf absehbare Zeit am Zustand des Parks nicht viel ändern.

Außerdem finden weiterhin noch Führungen zu Fuß statt. Da sich Künstler aller Art immer wieder vom Charme des verfallenen Geländes angezogen fühlen, öffnen sich regelmäßig auch ganz offiziell die Tore zu ihren ungewöhnlichen Ateliers oder Bühnen entlang der Bahnstrecke. Schauspieler zeigen beispielsweise die DDR-Kinderserie »Spuk unterm Riesenrad« am originalen Schauplatz in einer Bühnenfassung, während andere kreative Gruppen die skurrile Ansammlung von mutwillig beschädigten oder einfach vom Zahn der Zeit in Mitleidenschaft gezogenen Fahrgeschäften, Kassenhäuschen oder Bahnhöfen mit Licht und Farbe in Szene setzen. Eine Zeit lang fuhren einige Karussells zur Freude der Besucher sogar wieder.

Während einige frühere Attraktionen wie das Riesentassen-Karussell oder die Hütchenautos noch einigermaßen zu erkennen sind, stehen Reste der Achter- und Wildwasserbahn oder des Zirkuszelts und der Saurierfiguren traurig in der Landschaft herum. Höchstens noch als Filmkulisse taugen das halbversunkene Piratenschiff und das Schwanenboot im Teich am Riesenrad. Dieser Stahlriese mit seinen 36 Gondeln, in denen

Das fast 40 Meter hohe Riesenrad im Plänterwald dreht sich heute nur noch durch Kraft des Windes.

sich 216 Personen bis in knapp 40 Meter Höhe fahren lassen konnten, hat alle Umbrüche erstaunlich gut überstanden. Mitunter bewegt sich das stählerne Ungetüm, zum 40. Jahrestag der DDR im Herbst 1989 in Betrieb genommen, sogar wie von Geisterhand. Dann werden die beiden im kalten Winter 2010 beschädigten Gondeln ebenso sichtbar wie die Zerstörung von fast allen der einst 9678 Glühlampen.

Nicht alle Fahrgeschäfte und Attraktionen, die vor und nach der Wende im Park einen Platz gefunden hatten, befinden

STECKBRIEF

Am 4. Oktober 1969 wird anlässlich des 20. Jahrestages der DDR-Gründung im Plänterwald der Kulturpark als einziger ständiger Rummelplatz der Republik eröffnet. Es kommen jährlich 1,5 Millionen Besucher auf das 18 Hektar große Gelände. Nach der Wende sinkt deren Zahl auf unter 500.000. Neue Fahrgeschäfte und der Name »Spreepark« sollen das Ausflugsziel ab 1992 attraktiver machen. Doch der Erfolg bleibt aus, zumal die Behörden den Bau von zusätzlichen Parkplätzen ablehnen und die Nutzfläche verkleinern. Ende 2001 gibt die Betreibergesellschaft auf und meldet Insolvenz an. Alle Versuche der Wiederbelebung scheitern. Im Jahre 2013 endet eine Zwangsversteigerung nach einem Einspruch des Finanzamtes ergebnislos.

Informationen

Angebote zu Führungen und zu Fahrten mit der Parkbahn finden sich unter www.berliner-spreepark.de

Anreise

Vom S-Bahnhof Treptower Park fährt der Bus 265 bis zum Rathaus Treptow, wo ein rund sieben Minuten dauernder Fußweg bis zum Haupteingang beginnt. Vom S-Bahnhof Treptower Park dauert der Spaziergang 30 Minuten und vom S-Bahnhof Plänterwald etwa 20 Minuten. Parkplätze befinden sich in der Neuen Krugallee und in der Bulgarischen Straße. Von hier ist der Weg bis zum Haupteingang in 10 Minuten geschafft.

Einkehr

Auf dem Gelände befindet sich gleich am Eingang das Café Mythos mit Imbissangeboten. Es hat von März bis Oktober sonnabends und sonntags von 11 bis 18 Uhr geöffnet, in der übrigen Zeit sonntags von 11 bis 16.30 Uhr. Weitere Einkehrmöglichkeiten bestehen im nahen Hafen Treptow in der Nähe des S-Bahnhofes.

Erlebnismöglichkeiten

Solange die Zukunft des Spreepark-Geländes ungeklärt ist, können Besucher an Führungen teilnehmen oder eine Fahrt mit der Dschungelbahn unternehmen. Die waldreiche Umgebung des eingezäunten Parks eignet sich zum Spazierengehen und zum Herumtollen für Kinder.

→ Extra-Tipp

Etwa auf halber Strecke zwischen dem S-Bahnhof Treptower Park und dem Spreepark befinden sich das Sowjetische Ehrenmal für die beim Kampf um Berlin 1945 gefallenen Angehörigen der Roten Armee und die Archenhold-Sternwarte. Diese beherbergt das größte bewegliche Linsenfernrohr der Welt, das wiederum die einzige Erinnerung an die große Gewerbeausstellung 1896 im Treptower Park darstellt. Alle anderen damals errichteten Kulissenbauten wie ägyptische Pyramiden und ein afrikanisches Dorf sind ebenso wie alle damaligen Ausstellungshallen abgebaut worden. Infos unter www.sdtb.de

sich noch an Ort und Stelle. Viele sind längst vergessen und nur noch auf alten Plänen und Fotos zu erkennen. Unvergesslich hingegen bleibt das Karussell »Der fliegende Teppich«. Schließlich sollten in ihm 181 Kilogramm Heroin von Peru nach Deutschland geschmuggelt werden. Norbert Witte, der mit seiner Ehefrau und einigen weiteren Personen den Kulturpark nach der Wende betrieben hatte, war nach der Schließung des Parks im September 2001 in das südamerikanische Land zusammen mit sechs Fahrgeschäften im Gepäck ausgewandert. Doch der dort geplante Neuanfang misslang. Stattdessen geriet Witte an die Drogenmafia, die seine missliche wirtschaftliche Lage ausnutzen wollte.

In Peru gab er an, den »Fliegenden Teppich« zur Reparatur in die Heimat zurückbringen zu müssen. Er stopfte das Karussell aber mit Rauschgift voll und wollte das große Geschäft machen. Der geplante Coup flog 2003 noch in Lima auf. Wittes Sohn musste für 20 Jahre ins Gefängnis. Er selbst wurde in Deutschland zu sieben Jahren Haft verurteilt, von denen er zwei Drittel absitzen musste. Seine inzwischen von ihm geschiedene Frau Pia führt heute Besucher durch das Parkgelände. Wie lange solche Rundgänge noch möglich sein werden, ist ungewiss. Die Zukunft des Spreeparks bleibt eine spannende Geschichte.

Funkhaus Grünau

»Freiheitssender 904« verschickt merkwürdige
Parolen an Agenten

Drei Stichworte veranschaulichen die einzigartige Geschichte des ursprünglich als Ruder- und Erholungsheim gebauten
Funkhauses Grünau in der Regattastraße: Olympische Spiele
1936, geheimer »Freiheitssender 904« und Fernsehballett. Aus
allen Epochen finden sich heute Spuren in dem dreigeschos-
sigen Gebäude, und auch die zahlreichen Nutzer haben viele Um- und Ausbauten veranlasst. Nicht alle gingen pfleglich
mit dem Bau um, vor allem jene Eindringlinge während der
Leerstände nach dem Auszug der grazilen Ballettdamen 1991
sowie nach der Pleite eines Neuköllner Bildungswerks 2007. In
den Jahren 2012 und 2013 fühlte sich hier der von jungen Leu-
ten geführte Verein »kunterfunk« sehr wohl, der im Gebäude
und auf dem 5.000 Quadratmeter großen Grundstück Werkstätten für Metall, Holz, Fahrräder, Licht, Textil, Schmiedearbei-
ten und Ton, einen Trainingsraum mit Kletterwand, einen Mas-
sageraum und ein Radiostudio einrichtete. Nach Beschwerden
der Nachbarn über Lärm bei diversen Kulturevents kam ein
neuer Mietvertrag mit dem Verein nicht mehr zustande. Die
Hamburger Investorengemeinschaft, die das Funkhaus auf einer Versteigerung 2008 erworben hatte, schweigt sich über
ihre Pläne mit dem Haus noch aus. Doch der Bezirk Treptow-
Köpenick lässt hier nur eine begrenzte Nutzung für sportliche
Zwecke mit einer kleinen Gastronomie zu.

Ursprünglich diente das Gebäude als Bootshaus. Allerdings
dauerte die »sportliche« Epoche des Klinkerbaus nicht lange.
Nach den umjubelten olympischen Ruderregatten 1936 fanden
sich hier bald ganz andere Gäste ein, die nun keineswegs frei-
willig den Weg ans Ufer der Dahme fanden: Ein Lazarett für Ver-
wundete des Zweiten Weltkrieges nutzte die Räumlichkeiten.

Nach dem Krieg taucht in der Chronik erstmals der Name
»Funkhaus Grünau« auf. Die sowjetische Besatzungsmacht
richtete hier zunächst eine Sendeanlage und danach Rund-
funkstudios für einen in ihrem Sinne wirkenden Sender ein.
Erst 1956 war der Umzug des »Demokratischen Rundfunks«

Das einst größte Bootshaus Deutschlands entstand direkt an der Dahme.

in das neue Funkhaus an der Nalepastraße in Oberschöneweide abgeschlossen, sodass in Grünau ein völlig anderes, streng geheimes und nur im Kalten Krieg mögliches Unternehmen startete: der »Freiheitssender 904«.

Rasenmäher zum Rasieren

Während junge Leute nur die Schultern fragend heben, können sich noch erstaunlich viele ältere Menschen vor allem an die merkwürdigen Parolen dieses angeblich »einzigen Senders der

Die vielen Nutzer haben im und am Haus ihre Spuren hinterlassen.

Bundesrepublik, der nicht unter Regierungskontrolle steht«, wie es damals hieß, erinnern. Die auf der Mittelwellefrequenz 904 Kilohertz zu hörende Station gab tatsächlich vor, von einem geheim gehaltenen oder zumindest wechselnden Standort zu senden. Regelmäßig gab es Durchsagen, die als verschlüsselte Botschaften für Agenten oder Untergrundkämpfer verstanden werden sollten. Wie beteiligte Redakteure nach der Wende offenbarten, entsprangen die meisten Sprüche der Fantasie der politisch sorgfältig ausgesuchten Mitarbeiter.

Das verwundert bei solchen wie den folgenden Formulierungen eigentlich kaum:

»Hier ist der Deutsche Freiheitssender 904. Achtung, wir melden uns mit einer wichtigen Durchsage. Wir rufen den Stellvertreter von Drosselbart. Die Karawane trifft zwei Stunden früher ein. Besondere Maßnahmen nicht erforderlich. Ende der Durchsage.«

»Achtung! Wir rufen den Postschaffner. Das dritte Wort im Telegramm ist die Lösung. Ich wiederhole: Wir rufen den Postschaffner. Das dritte Wort im Telegramm ist die Lösung. Ende der Durchsage.«

»Achtung! Wir rufen die Dunkelmänner. Allen Ballast sofort abstoßen!«

»Achtung, Achtung! Wir rufen Krokodil. Gebiss schleifen!«

»Achtung! Wir rufen Nachtwächter. Heute Nacht ist es noch dunkler. Ende der Durchsage.«

»Achtung, Achtung! Wir rufen Kaffeekränzchen. Der Kuchen ist angebrannt.«

»Achtung, Achtung! Wir rufen Kleingärtner. Zum Rasieren Rasenmäher benutzen.«

»Achtung, Achtung! Wir rufen Kräuterhexe. Wir brauchen dringend Baldrian.«

»Ab sofort darf rechts und links überholt werden, aber erst bei Sonnenuntergang.«

Hauptsächlich diente der »Freiheitssender 904« aber der Verbreitung der kommunistischen Ideologie. Immerhin erfolgte der Start am 18. August 1956 und damit einen Tag nach dem Verbot der KPD in der Bundesrepublik. Doch der Erfolg hielt sich in engen Grenzen. Am 30. September 1971 wurden symbolisch die Stecker aus den Anlagen gezogen. Die standen damals bereits in Bestensee, südlich von Berlin. Dort konnten sich die Radioleute besser tarnen. Der Deutsche Soldatensender, der die Bundeswehrangehörigen politisch beeinflussen sollte, blieb noch neun Monate länger im Äther. Die beginnende Entspannungspolitik zwischen Ost und West und wohl auch der Wechsel von Ulbricht zu Honecker an der Parteispitze, vor allem aber die immensen Kosten führten zum Aus dieser merkwürdigen Stationen.

Das Funkhaus selbst diente bis zur Wende als Ausbildungsstätte für Rundfunktechniker, während im großen Sendesaal das Fernsehballett für seine Auftritte probte.

STECKBRIEF

Bei seiner Eröffnung 1930 galt das Bootshaus in der Regattastraße 277 als das größte seiner Art in Deutschland. Nach dem Zweiten Weltkrieg diente es der DDR als Rundfunkstudio und -schule, bis der geheime »Freiheitssender 904« hier seine Station gründete. Er zog später nach Friedrichshagen und Bestensee um, eher er 1971 seinen Betrieb einstellte. Nach der Wende nutzte die Räumlichkeiten ein Bildungsverein, der aber 2007 Insolvenz anmeldete. Bei einer Versteigerung erhielt eine Hamburger Investorengruppe den Zuschlag. Bis 2013 nutzte die junge Künstlergruppe »kunterfunk« die Räumlichkeiten, deren Zukunft heute offen ist.

Anreise

Vom S-Bahnhof Grünau verkehrt die Straßenbahnlinie 68 bis zur Haltestelle Regattastraße/Sportpromenade. Von dort sind es vier Minuten Fußweg bis zur Regattastraße 277. Autofahrer nutzen das Adlergestell bis zum S-Bahnhof Grünau. Dort biegen sie in die Wassersportallee ein, von der nach rund 300 Metern die Regattastraße nach rechts abzweigt.

Erlebnismöglichkeiten

Die vom Funkhaus zu sehende Regattastrecke Grünau wurde 1880 eröffnet und ist damit die älteste noch in Betrieb befindliche Sportanlage Berlins. Die große Tribüne stammt von 1935 und wurde für die Olympischen Spiele gebaut. Hier fanden bis zu 9.000 Besucher Platz. Heute entspricht die Strecke nicht mehr den internationalen Normen. Dafür finden regelmäßig Motorbootrennen statt. Nicht weit davon entfernt zeugen die inzwischen zu Ruinen verkommenen Gebäude »Riviera« und »Gesellschaftshaus« von der einst blühenden Ausflugsgastronomie.

Einkehr

Schon seit 1870 empfängt das Café Liebig in der Regattastraße 158, unweit der Kreuzung mit der Wassersportallee (vom S-Bahnhof Grünau) gelegen, seine Gäste. Es handelt sich um das älteste original erhaltene Jugendstil-Kaffeehaus Berlins. Es steht unter Denkmalschutz. Infos unter www.kaffee-liebig.de

RUDOW

Spionagetunnel nach Altglienicke

Als »Operation Gold« schrieb die Abhöraktion der Amerikaner und Briten Geschichte im Kalten Krieg

Die Suche nach Zeitzeugen zum Thema Berlins größter Spionagetunnel führte überraschenderweise auch ins entfernter gelegene Rostock. Dort konnte ein ehemaliger Arbeiter der Neptun-Werft ausfindig gemacht werden, der von einer ganz besonderen Erinnerung an das 450 Meter lange Bauwerk zwischen dem (West-) Berliner Ortsteil Rudow und Altglienicke im damaligen Ostteil Berlins erzählte. »Wir fuhren als Brigade voller junger Kerle im Sommer 1956 nach Berlin, um uns die böse Politik des Westens anzusehen«, berichtete der inzwischen pensionierte Schlosser Werner S. »So hieß es jedenfalls damals im Kalten Krieg zwischen Ost und West.«

Bis heute kann sich der rüstige Mann an erstaunlich viele Einzelheiten des organisierten Ausflugs nach Berlin erinnern. Alles sei bis ins kleinste Detail vorbereitet gewesen, um den »Klassenfeind« ins schlechte Licht zu rücken. Die Fahrt mit dem Bus habe in einer »ziemlichen Einöde« fast am Stadtrand geendet, wo sich damals schon viele Reisegruppen aus der DDR eingefunden hätten. »Das war ein Trubel wie bei den Aufmärschen am 1. Mai«, sagte der Rostocker. »Wir mussten uns anstellen und durften dann einen Blick in den Tunnel der Amerikaner werfen.« So etwas habe er noch nie vorher gesehen, die Technik in der mannshohen Röhre sei ihm völlig fremd vorgekommen. Professionelle Erklärer hätten immer wieder von den »amerikanischen Kriegstreibern« und von Westberlin als der »Brutstätte der Spionage« gesprochen.

Die Erinnerungen des früheren Werftarbeiters veranschaulichen einen besonderen Aspekt des Spionagetunnels der amerikanischen und britischen Geheimdienste zum Abhören der Sowjetarmee. Die DDR-Propagandisten schlachteten die Enttarnung als großen Erfolg des Sozialismus aus. Zwischen April und Herbst 1956 wurden rund 30.000 »verdiente Werktätige«, wie es damals hieß, an den Eingang zum Tunnel gekarrt. Sie sollten sich mit eigenen Augen sowohl vom technischen

Der Tunnelverlauf heute: links die Autobahn, in der Mitte der Mauerradweg und rechts eine Siedlung.

Aufwand der westlichen Geheimdienste als auch von den Erfolgen der eigenen Sicherheitsorgane überzeugen.

Die Suche nach dem Ort der später verfilmten Spionageaktion, die bei den Amerikanern den Codenamen »Gold« trug und bei den Briten unter dem Begriff »Stopwatch« (»Stoppuhr«) lief, fällt mittlerweile nicht mehr schwer. Direkt am 160 Kilometer langen Mauerradweg entlang der einstigen Grenze stehen zwischen Rudow und Altglienicke an der betreffenden Stelle mehrere Informationsstelen mit Erklärungen und Fotos. Von der eigentlichen Röhre ist jedoch nichts mehr zu sehen. Auf der Rudower Seite entstand auf dem früheren Grundstück der vermeintlichen US-Radarstation, die als getarnter Tunneleingang diente, zwischen Schönbergweg und Mozartring eine Einfamilienhaussiedlung. In Richtung Osten zur Schönefelder Chaussee verläuft heute der Tunnel der Autobahn A 113 zwischen der Berliner Mitte und dem Flughafen.

Bei deren Bau im Jahre 2005 war hier ein Baggerfahrer auf ein Segment des damals fast schon vergessenen Spionagetunnels gestoßen. Das Alliiertenmuseum, das an der Clayallee Gebäude des einstigen amerikanischen Hauptquartiers in

Zehlendorf nutzt, veranlasste die Bergung und die Sicherung wertvoller Utensilien. In den Museumsräumen ist bereits ein 1997 ausgegrabenes und restauriertes Tunnelstück zu sehen. Das große Exponat und viele Zeitdokumente erklären anschaulich die Geschichte dieses besonderen Bauwerks.

Demnach begannen die Planungen dafür schon 1953. Unter allen Umständen wollten die Amerikaner und Briten über alle Absichten der sowjetischen Führung frühzeitig Bescheid wissen, um nicht von einem möglichen Angriff überrascht zu werden. Abgehört wurden die Telefonverbindungen sowohl zwischen Moskau und dem Oberkommando im südlich von Berlin gelegenen Wünsdorf als auch zwischen der im Stadtteil Karlshorst sitzenden Zentrale des Geheimdienstes KGB und Wünsdorf. Zuträger in Ostberlin hatten zuvor die entscheidenden Informationen über die wichtigen Datenstränge verraten.

Nach Tests im US-Bundesstaat New Mexico und auf dem Flugplatz Gatow in Spandau wurde der Tunnel in höchster Geheimhaltung gebaut und am 11. Mai 1955 die erste Leitung angezapft. In elf Monaten schnitten die westlichen Verbündeten fast 400.000 Gespräche mit, die 50.000 Bänder mit einem Gesamtgewicht von 25 Tonnen ergaben. In Washington und London fertigten rund 300 Spezialisten daraus Niederschriften an.

Die Sowjetunion wusste stets Bescheid

Doch das wohl ungewöhnlichste Detail der »Operation Gold« lieferte der Offizier des britischen Geheimdienstes SIS, George Blake. Er war während des Korea-Kriegs in Gefangenschaft geraten und dort vom KGB als eigener Spion angeworben worden. Ausgerechnet er gehörte zum kleinen Kreis der Mitwisser über den geplanten Berliner Spionagetunnel und verriet der sowjetischen Seite von Beginn an alle Pläne.

Es darf bis heute darüber gerätselt werden, warum die Sowjets elf Monate bis zur propagandistisch inszenierten »Enttarnung« verstreichen ließen. Vielleicht wartete die Moskauer Führung auf einen außenpolitisch günstigen Moment. Wahrscheinlich ist allerdings, dass der britische Agent Blake geschützt werden sollte.

Ein 1997 ausgegrabenes Segment des Spionagetunnels steht heute im Alliiertenmuseum.

Im Sommer 2012 lieferte eine ungewöhnliche Entdeckung den Medien erneut Stoff zu Geschichten über den Spionagetunnel. Denn ausgerechnet im Kirchenforst von Pasewalk, mehr als 100 Kilometer nördlich Berlins gelegen, tauchte plötzlich ein Tunnelelement auf. Fachleute des Alliiertenmuseums ließen nach ihrer Untersuchung keinen Zweifel zu: Hier handelte es sich um Teile des originalen Tunnels. Aber wie war es dort hingekommen?

Die Lösung des vermeintlichen Rätsels ließ nicht lange auf sich warten. Die NVA hatte nach der Enttarnung die einzelnen Tunnelteile ausgebaut und für ihre Manövergebiete genutzt. Sie dienten als Führungsstelle, Unterstand für Soldaten und sogar für die unterirdische Feldküche. Die 1955 direkt aus den USA nach Berlin gebrachten Segmente bestanden schließlich aus bestem Stahl. Das Alliiertenmuseum sicherte sich den Pasewalker Fund und will ihn als »östliches« Element ebenfalls irgendwann ausstellen.

STECKBRIEF

Im August 1954 begannen amerikanische und britische Spezialisten mit dem Bau eines rund 450 Meter langen Spionagetunnels zwischen Rudow im Westen und Altglienicke im Osten Berlins. Ab Mai 1955 zapften die Geheimdienste von hier die Telefonleitungen zwischen Moskau und dem Oberkommando der sowjetischen Streitkräfte in Wünsdorf, 60 Kilometer südlich Berlins, an. Auch die Gespräche zwischen der KGB-Zentrale in Karlshorst und Wünsdorf wurden belauscht. Durch einen britischen Doppelagenten waren die Sowjets von Anfang an über den Bau informiert. Im April 1956 wurde die »Enttarnung« als propagandistischer Akt ausgeschlachtet. Beim Bau der Autobahn A 113 wurde ein Tunnelsegment entdeckt.

Informationen
Am einstigen Standort des Spionagetunnels stehen heute am Rande des Mauerradwegs Stelen mit Texten und Fotos.

Anreise
Entlang der A 113 verläuft heute ein Abschnitt des Mauerradweges. Diesen erreicht man beispielsweise vom S-Bahnhof Köllnische Heide oder vom Bahnhof Schönefeld aus. Im Navigationsgerät lautet die Adresse Dankmarsteig 10. Dieser zweigt von der Schönefelder Chaussee ab.

Erlebnismöglichkeiten
Der Mauerradweg weist gerade nördlich und südlich des früheren Spionagetunnels viele symbolträchtige Orte der Teilung Berlins auf. Gleich in Sichtweite stehen noch Reste der einstigen Hinterlandmauer. In Richtung Schönefeld liegt der ehemalige Grenzübergang Waltersdorfer Chaussee.

→ Extra-Tipp
Im Alliiertenmuseum in der Clayallee 135 in Zehlendorf wird ein originales Tunnelsegment mit allen Details und vielen Zeitdokumenten ausgestellt. Das Museum ist täglich außer montags von 10 bis 18 Uhr geöffnet. Der Eintritt ist frei.
www.alliiertenmuseum.de

Ehrenhalle an der Hasenheide

Der 1939 von Hitler eröffnete Bau auf dem Lilienthalfriedhof wird heute von Künstlern genutzt

Der Name »Lilienkulturgarten« am Eingang führt ein wenig
in die Irre. Denn wer darunter hier in Neukölln unweit des
Kreuzberger Südsterns eine anheimelnde Parkanlage vermutet, erlebt eine Überraschung. Der Weg am Schaukasten
mit der verführerisch klingenden Bezeichnung führt direkt
auf einen höchst ungewöhnlichen Friedhof. In den wenigs-
ten Reiseführern findet man einen Hinweis auf ihn, was nur
mit der völlig aus dem Rahmen fallenden Architektur der Gedenkhalle zu erklären ist. Dank einer Videoschleife in einem
tagsüber unentwegt laufenden Fernseher in der seit Jahren
verwaisten Pförtnerloge und der beiden aus dem Fenster hän-
genden Kopfhörer erfahren die Besucher rasch die besonderen
Hintergründe des Bauwerks. Da marschieren Wehrmachtsfor-
mationen mit Fahnen übers Gelände, werden Kränze abgelegt
und selbst Adolf Hitler mit seinen Getreuen bei der Einwei-
hung gezeigt. Inzwischen haben Künstler diesen geheimnisvollen und durchaus unheimlich wirkenden Ort für sich entdeckt,
um hier zu arbeiten.

   Betreut werden sie dabei von einem Verein mit dem Namen »Nike«, der allerdings nichts mit dem bekannten Sport-
artikelhersteller zu tun hat. Unter »Nike« firmiert ein Verein
der polnischen Unternehmerschaft in Berlin. Er hat den Friedhof in der Lilienthalstraße 7 – vom Straßennamen stammt die
Bezeichnung »Lilienkulturgarten« – im Jahre 2011 gepachtet.
Hier sollen künftig Seminare, Ausstellungen, eine deutsch-pol-
nische Bibliothek, Workshops mit Jugendlichen und Kunstak-
tionen den einstigen »Heldenfriedhof« beleben und ihn nicht
zuletzt weiter »entnazifizieren«, wie es von den Veranstaltern
heißt.

   Das dürfte nicht leicht fallen. Schließlich wirkt die 1939
fertiggestellte Gedenkhalle wie ein riesiger Block, in dem sich
viele Menschen sowohl davor als auch in seinem Inneren wie
erschlagen fühlen. Dieser Eindruck verstärkt sich noch, wenn
bei Kunstinstallationen der riesige Raum hinter den schroffen
Pfeilern und den dorischen Tempelsäulen im Dunkeln liegt und

**Verstecktes Zeugnis einer untergegangenen Epoche: Die Ehren-
halle auf dem Lilienthalfriedhof.**

die Deckenbeleuchtung völlig fehlt. Dann kann man nur mit
Mühe das Gebilde an der Stirnwand erkennen. Ein Adler zeigt
sich hier als ein recht kampfesmutiges Tier. Manche Pfarrer,
die hier einen Trauergottesdienst abgehalten hatten, sollen
in der Nachkriegszeit das Relief sogar als eine Friedenstaube
gedeutet haben. Doch damit rechtfertigten sie wohl nur ihr
Erscheinen in diesem Bau der NS-Architektur.

Die Nazis wollten an dieser Stelle der Gefallenen des Ersten
Weltkriegs gedenken. Wilhelm Büning, der sich bis dahin vor
allem als Architekt der Weißen Stadt in Reinickendorf und als
Vertreter des modernen Berliner Neuen Bauens einen Namen
gemacht hatte, entwarf diesen monumentalen Bau.

»Sorgende Frau« von Fritz Cremer

Noch im Jahr der Eröffnung begann der Zweite Weltkrieg,
der sich bald auf dem Gelände an der Lilienthalstraße wider-
spiegelte. Mehr als 6.200 Soldaten, Zivilisten und sowjetische
Kriegsgefangene fanden hier ihre letzte Ruhestätte. Ab 1949

STECKBRIEF

Die wuchtige Gedenkhalle auf dem Friedhof in der Lilienthalstraße wurde zwischen 1936 und 1939 nach einem Entwurf von Wilhelm Büning zur Erinnerung an die Gefallenen im Ersten Weltkrieg errichtet und durch Adolf Hitler eröffnet. Später entstanden hier Einzel- und Massengräber für mehr als 6.200 Opfer des Zweiten Weltkrieges. Seit 1966 befindet sich in der Mitte der Freitreppe ein Raum, der die Plastik »Sorgende Frau« von Fritz Cremer beherbergt. Das Friedhofsgelände wird heute vom Verein »Nike« der polnischen Unternehmerschaft als »Lilienkulturgarten« genutzt und Künstlern zur Verfügung gestellt.

Informationen

Verein NIKE der Polnischen Unternehmerschaft,
Kiefholzstraße 35, 12435 Berlin,
Telefon 030/30 10 95 44, www.nike-ev.com

Anreise

Der Friedhof in der Lilienthalstraße liegt im Bezirk Neukölln in der Nähe des U-Bahnhofes Südstern. Dieser befindet sich auf der U-Bahnlinie 7 zwischen Spandau und Rudow. Unweit davon verläuft die Bezirksgrenze zu Kreuzberg.

Erlebnismöglichkeiten

In der Umgebung befinden sich mehrere Friedhöfe und der Volkspark Hasenheide. Direkt in der Nachbarschaft steht die mächtige St. Johannes-Basilika, die vor allem von polnischen Gemeindemitgliedern genutzt wird. Sie lohnt sich für eine längere Besichtigung. Rechts vom Eingang überrascht das monumental gestaltete Denkmal »Den deutschen Luftschiffern 1914–1918«. Zwischen Friedhof und U-Bahnhof hat in der Lilienthalstraße 3 die Vertretung des Vatikans, die Apostolische Nuntiatur Berlin, ihren Sitz (www.nuntiatur.de).

Einkehr

In der Lilienthalstraße laden ganz unterschiedliche Restaurants zum Besuch ein.

→ **Extra-Tipp**

In der Nähe der Lilienthalstraße und des U-Bahnhofes Südstern überquert die Admiralbrücke seit 1882 den Landwehrkanal. Sie hat sich zu einem beliebten Treffpunkt von Berlinern und Touristen entwickelt. Allerdings sind die einst legendären nächtlichen Partys nach Beschwerden von Anwohnern auf der Brücke inzwischen untersagt. Dafür herrscht in den angrenzenden Kneipen und Eisdielen viel Hochbetrieb. In einigen Veröffentlichungen ist in Anlehnung an Mallorca sogar vom »Ballermann von Kreuzberg« die Rede.

veranstaltete hier der Bund Deutscher Kriegsgräberfürsorge die Westberliner Gedenkfeiern zum Volkstrauertag. Um der Ehrenhalle etwas von ihrer Wucht zu nehmen, wurde 1966 in die Freitreppe ein Kubus gebaut. Hinter dem schmiedeeisernen Tor befand sich der einst vom Bildhauer Ludwig Gies mit Blättern aus Silber, Gold und Platin 1931 gefertigte Kranz. Er lag bis 1948 in der Neuen Wache Unter den Linden, bis er dort von Unbekannten entwendet wurde. Erst 1960 tauchte der teilweise beschädigte Kranz in einem in der Gepäckaufbewahrungsstelle des Bahnhofs Zoo deponierten Koffer wieder auf.

Nach seiner Restaurierung fand der »Silberkranz« seinen Platz in der Krypta, bevor er 2004 in das Deutsche Historische Museum gebracht wurde. Heute stehen die Besucher vor einer Plastik des in Ost und West geschätzten Künstlers Fritz Cremer. Seine »Sorgende Frau« entstand unter dem Einfluss der persönlichen Kriegserlebnisse des 1993 verstorbenen Bildhauers. Sie ist vor dem dunklen Hintergrund und durch die ebenfalls etwas dunkleren Scheiben leider nur schwer zu erkennen.

Beim Rundgang über den Friedhof, auf dem keine neuen Gräber mehr angelegt werden, fällt noch eine Tafel besonders ins Auge. Sie hängt an der Mauer schräg hinter der Gedenkhalle und widmet sich den Gefallenen der 3. Panzer-Division Berlin-Brandenburg. Die Unterschrift lautet: »In dankbarer Kameradschaft 1935/1945«. Die Anlage in der Lilienthalstraße spiegelt tatsächlich deutsche Geschichte in vielen Facetten wider.

Café Sibylle auf der Karl-Marx-Allee

Stalins Ohr als Erinnerung an einen gefallenen Helden in einer Straße im Zuckerbäckerstil

Das glänzende Teil garantiert auf vielen Partys einen unterhaltsamen Rätselspaß. Denn die Ideen zur Deutung des etwa 17 Zentimeter langen, zehn Zentimeter breiten und eigentümlich geformten Gegenstandes gehen weit auseinander. Er wird prüfend in den Händen hin- und hergedreht, mit den Fingerkuppen in allen Vertiefungen befühlt und sogar beschnuppert. Meistens einigt sich die Gruppe auf einen »seltsam gestalteten Aschenbecher«. Dafür könnte sich das rätselhafte Objekt tatsächlich eignen, doch des Rätsels Lösung klingt verblüffend und spannend. Es handelt sich um »Stalins Ohr«.

Man kann es sogar käuflich erwerben, auch wenn es manchmal nicht gleich beim ersten Besuch klappt. Denn das Ohr wird nicht massenhaft produziert, sondern lediglich als exklusives Souvenir in kleinen Stückzahlen und in Handarbeit hergestellt. Dafür gibt es dann aber die spannende Geschichte

Als »Trinkmilchhalle« begann 1953 die Geschichte des eigenwilligen Cafés in der Karl-Marx-Allee.

gratis dazu – in der passenden Umgebung. Das Café Sibylle in der Karl-Marx-Allee 72 bietet neben Speisen und Getränken auch einen unterhaltsamen Einblick in die mehr als 60-jährige Geschichte dieses in Berlin einzigartigen Boulevards.

In Wort und Bild löst sich dort auch das Rätsel um »Stalins Ohr«. Es stammt vom einst 4,60 Meter hohen und zweieinhalb Tonnen schweren Denkmal für den Diktator Josef Stalin, das am 3. August 1951 eben in jener Straße enthüllt worden war. Diese trug damals schon seit fast zwei Jahren den Namen »Stalinallee«. Dabei blieb es bis zum 14. November 1961, obwohl sich die Kommunisten in der Sowjetunion schon ab 1956 von der oft grausamen Politik und dem Kult um den drei Jahre zuvor verstorbenen Partei- und Staatschef distanziert hatten. Doch die Machthaber in der DDR ließen sich damit Zeit, zumal sie erst noch den Bau der Mauer am 13. August 1961 hinter sich bringen wollten. Danach aber musste es schnell gehen.

Wie aus einem in der Ausstellung aushängenden Erlebnisbericht des Baubrigadiers Gerhard Wolf hervorgeht, sollten Denkmal und Straßenschilder für Stalin möglichst über Nacht verschwinden. Eine Planierraupe machte mit dem Monument buchstäblich kurzen Prozess. Die Polizei hatte den Platz weiträumig abgesperrt, denn das Denkmal sollte »bis zur Unkenntlichkeit zerkleinert« werden, wie es ein Offizier des Ministeriums für Staatssicherheit verkündete. Er untersagte auch die »Mitnahme von Bruchstücken«, als die Statue in einer Halle mit Pressluftmeißeln zerstört wurde. Bei der Bearbeitung des Kopfes nahm Gerhard Wolf in einem passenden Moment seinen ganzen Mut zusammen und griff zu. In seiner Jackentasche verschwanden ein Ohr und der Spitzbart. Niemand bemerkte etwas. Erst später stellte sich heraus, dass sich auch andere Arbeiter kleine Souvenirs geschnappt hatten.

In den Jahren danach hat Gerhard Wolf die Geschichte im Familienkreis immer wieder zum Besten gegeben, die Anwesenden aber stets um Stillschweigen gebeten. Nach der Wende geriet die Geschichte fast in Vergessenheit. Als der »Souvenirjäger« 1994 in Berlin starb, erinnerte sich zum Glück ein Familienangehöriger an Ohr und Spitzbart und brachte sie ins Café Sibylle.

Nur das Ohr (rechts oben) blieb vom Stalin-Denkmal, dessen Abriss die Ausstellung erzählt.

Stalin-Bronze für Tierparkfiguren

Dort existiert sogar ein großes Bild vom Stalin-Denkmal, wofür man einfach nur die an einer Wand montierten Kästen in die passende Reihenfolge bringen muss. Aber das ist ein Kinderspiel. Die übrige Bronze der echten Denkmalfigur wurde tatsächlich zur Unkenntlichkeit verändert, so, wie es sich die führenden Parteifunktionäre einst gewünscht hatten. Sie diente als Material für Plastiken im Tierpark in Berlin-Friedrichsfelde. Vielleicht lebt die Stalin-Statue dort als Wildschwein oder Katze weiter. Der Sockel verschwand irgendwo in den Müggelbergen.

Darüber kann im Café angenehm geplauscht werden. Der Blick nach vorn fällt auf die Karl-Marx-Allee, während im hinteren Teil neben der Geschichte von Stalins Ohr auch andere Episoden vom Aufbau der im »Moskauer Zuckerbäckerstil« gestalteten Straße erzählt werden. Da ist von einem Sammelheft für Aufbaumarken die Rede, die Berliner für Halb-Schichten auf dem Bau erhielten, die sie zusätzlich nach Feierabend in ihrem eigentlichen Beruf absolvierten. Für hundert Halb-Schichten gab es ein Los, das mit viel Glück sogar den Einzug in eine Wohnung ebnete.

STECKBRIEF

Das heutige Café wurde 1953 nach der Fertigstellung der ersten Wohnhäuser im Abschnitt Süd der Karl-Marx-Allee als »Trinkmilchhalle« eröffnet. Seit Mitte der 1960er-Jahre trägt es den heutigen Namen. Die kostenlose Ausstellung über den 2,3 Kilometer langen Boulevard erinnert auch an das 1951 aufgestellte und 1961 abgerissene Stalin-Denkmal, von dem nur ein Ohr und ein Teil des Barts erhalten blieben. Das Ohr kann als Souvenir erworben werden.

Information
Café und Ausstellung in der Karl-Marx-Allee 72 sind täglich von 10 bis 20 Uhr geöffnet, am Wochenende ab 12 Uhr, donnerstags und freitags werden Gäste bis 22 Uhr bedient. Auskünfte unter Tel. 030/29 35 22 03, www.cafe-sibylle.de

Anreise
Das Hochhaus mit dem Café steht zwischen den Stationen Strausberger Platz und Weberwiese der U-Bahnlinie 5. Parkplätze lassen sich in der Umgebung finden.

Einkehr
Das Café bietet natürlich Kaffee und Kuchen, aber auch andere kleine Speisen und Getränke stehen zur Auswahl.

Erlebnismöglichkeiten
Nach Voranmeldung kann die Dachterrasse über dem Café besucht werden, die einen schönen Blick von den Hochhäusern am Strausberger Platz bis zu den Türmen am Frankfurter Tor ermöglicht. Für einen selbstständigen Spaziergang können Audio-Guides ausgeliehen werden.

→ Extra-Tipp
Es gibt Führungsangebote zu authentischen Orten entlang der Karl-Marx-Allee, die bis 1949 Große Frankfurter Straße und Frankfurter Allee und bis 1961 Stalinallee hieß. Eine Besonderheit stellt das 1964 eröffnete Café Moskau in der Karl-Marx-Allee 34, gegenüber vom Kino »International«.

Neue Reichskanzlei und Führerbunker

Am Ort von Hitlers Machtzentrale steht heute ein China-Restaurant

Ein China-Restaurant schafft es gewöhnlich nicht auf die Liste von Geheimtipps. Es gibt einfach zu viele von ihnen, zumal in einer Millionenstadt wie Berlin. Doch ein Lokal sticht dank seiner Adresse aus der großen Masse heraus und wird deshalb zumindest von außen häufiger als alle anderen fotografiert: das Restaurant Peking Ente in Berlin-Mitte, »zwischen Potsdamer Platz und Friedrichstraße«, wie es auf der Internetseite heißt. Aber entscheidend ist die genaue Anschrift: »Voßstraße 1«. Denn diese gehörte einst der Neuen Reichskanzlei und damit dem Machtzentrum Adolf Hitlers und dessen Führungsstab. Vor oder zwischen den einzelnen Gängen kann sich jeder Gast über diesen Brennpunkt deutscher Geschichte ins Bild setzen. Die Speisekarte der Peking Ente präsentiert nicht nur das komplette Menü, sondern liefert auch einen kurzen Text mit Informationen zum Vorgängerbau: das von 1874 bis 1877 erbaute Palais Borsig. Hitlers »Leibarchitekt« Albert Speer integrierte das repräsentative Gebäude in die Neue Reichskanzlei.

Leider sind nicht alle historischen Fakten im Menü des Restaurants richtig. Wie Recherchen des Vereins »Berliner Unterwelten« und Untersuchungen in einem Labor der Freien Universität eindeutig belegten, stammt der rote Marmor in der dem Restaurant gegenüberliegenden U-Bahnstation Mohrenstraße nicht aus der Reichskanzlei. Als Lieferanten der Baustoffe wurden zwei ganz unterschiedliche Steinbrüche ausgemacht. Ein anderes Ergebnis wäre auch ziemlich überraschend gewesen, wurde die Station nach den Zerstörungen im Zweiten Weltkrieg doch erst 1950 umgebaut. Ein Jahr nach der DDR-Gründung wollten die neuen Machthaber gewiss keine Steine aus der Reichskanzlei verwenden, zumal der »Wilhelmplatz« zum »Thälmannplatz« wurde. Der Bahnhof erhielt ein Jahr später den Namen des Platzes, den er bis 1986 behielt. Dann folgte auf Ernst Thälmann der Name des ersten DDR-Ministerpräsidenten Otto Grotewohl, bevor die »Mohrenstraße« folgte. Viele Reiseführer und Medien

Die Peking Ente befindet sich in der Voßstraße 1, wobei der Hinweis auf den U-Bahnhof nicht stimmt.

schicken Berliner und Touristen nach wie vor fälschlicherweise in die U-Bahnstation, um hier angeblich den Marmor der Neuen Reichskanzlei betrachten zu können.

Tatsächlich gibt es von dem einstigen Machtzentrum an der Voßstraße/Wilhelmstraße nur noch wenige Reste. Das erscheint angesichts der Ausmaße des einstigen Gebäuderiegels schon sehr ungewöhnlich. Immerhin wies der am 9. Januar 1939 eröffnete kantige und protzige Bau eine Länge von 400 Metern auf und ragte 22 Meter in die Höhe. Hitlers Arbeitszimmer hinter endlos wirkenden Fluren, Gängen und Sälen dehnte sich auf 400 Quadratmetern aus. Der »Führer« soll sich hier aber nur selten aufgehalten und ein Büro in der alten Reichskanzlei bevorzugt haben. Am Ende des Krieges wurde der Großbau schwer beschädigt. Die Rote Armee sprengte die Reste 1947 und ebnete das Gelände 1959 völlig ein. Der Mauerbau 1961 machte den Ort erst recht zur Wüste, die nicht betreten werden durfte. Erst Ende der 1980er-Jahre kehrte plötzlich Leben auf diese Brache zurück. Es entstand mit rund 1.000 Wohnungen eines der größten Plattenbaugebiete der DDR, mit Milchgläsern in den Fenstern der Treppenhäuser Richtung Westen. Es sollte das letzte Vorhaben dieser Art werden. Die Liste der Mieter vor und nach dem Mauerfall enthält bekannte Namen: Angela Merkel, Birgit Breuel (Treuhandchefin), Franz Müntefering und Rita Süssmuth, Olympiasiegerin Kati Witt oder SED-Politiker Kurt Hager, Günter Schabowski und Gerhard Schürer. Die Peking Ente zog später ins Erdgeschoss eines solchen Hochhauses ein.

Mit den Neubauten verschwand gleich noch ein weiteres Relikt aus der Vergangenheit: der »Führerbunker«, in dem sich Hitler und seine Frau Eva Braun am 30. April 1945 das Leben nahmen. Die vier Meter dicken Wände des Bunkers wurden gesprengt, lediglich Bodenplatte und Außenwände blieben, Sand, Schutt und Kies füllten den Hohlraum. Darüber entstanden die Wohnhäuser.

Unter dem heutigen Parkplatz nahe der Wilhelmstraße lag der »Führerbunker«.

STECKBRIEF

Touristen aus aller Welt suchen heute nach Resten der Neuen Reichskanzlei und des »Führerbunkers« an der Wilhelmstraße/Voßstraße. Doch Ende der 1980er-Jahre errichtete Plattenbauten haben sämtliche Spuren des am 9. Januar 1939 eröffneten Machtzentrums endgültig getilgt, nachdem das einst 400 Meter lange Bauwerk schon 1947 gesprengt worden war. Die Adresse der früheren Reichskanzlei »Voßstraße 1« gehört heute einem China-Restaurant.

Information

Der Verein »Berliner Unterwelten« hat in Zusammenarbeit mit Historikern und mit Zustimmung der Denkmalbehörden an der Getrud-Kolmar-Straße/Ecke In den Ministergärten eine Informationstafel mit allen Angaben zur Reichskanzlei, zum »Führerbunker« und zu den anderen unterirdischen Bauwerken aufgestellt. Entlang der Wilhelmstraße stehen weitere Geschichtstafeln.

Anreise

Die U-Bahnstation Mohrenstraße (U2) führt direkt zur Wilhelmstraße/Voßstraße. Erstere beginnt am Brandenburger Tor (S1, S2, S25). Auch der Potsdamer Platz und der Leipziger Platz liegen nur einen Katzensprung entfernt.

Erlebnismöglichkeiten

Die Wilhelmstraße gehört zu den geschichtsträchtigsten Orten Berlins. Hier befindet sich mit dem Holocaust-Ehrenmal einer der wichtigsten Gedenkorte für die Opfer des Naziterrors. An der Kreuzung mit der Leipziger Straße steht das Bundesfinanzministerium mit einer Open-Air-Ausstellung zu den Ereignissen am 17. Juni 1953 und einer Mosaikdarstellung mit Motiven sozialistischer Künstler.

Einkehr

Der Zwei-Sternekoch Tim Raue bietet in seinem neuen Restaurant Sra Bua an der Rückseite des Hotels Adlon an der Behrenstraße hochwertige asiatische Küche an.

→ **Extra-Tipp**
Überall in Berlin kennzeichnet eine doppelreihige Pflasterung den Verlauf der 1961 gebauten und 1989 gefallenen Mauer. Lediglich am Leipziger Platz in Höhe des U-Bahnhofes Potsdamer Platz markiert diese Linie auch den Standort der einstigen »Hinterlandmauer«, die sich oft weit hinter der ersten Mauer auf Ostberliner Gebiet befand.

Der am häufigsten fotografierte Parkplatz der Welt

Der nach der Wende aufkommende Mythos rund um den »Führerbunker« machte den Parkplatz an der Gertrud-Kolmar-Straße/Ecke In den Ministergärten zum weltweit am meisten fotografierten Ort seiner Art. Touristen aus aller Herren Ländern stehen täglich massenhaft vor der im Jahre 2006 vom Verein »Berliner Unterwelten« aufgestellten Informationstafel über die Bunkerlandschaft zwischen Brandenburger Tor und Potsdamer Platz und über die Details des »Führerbunkers«. Zu sehen gibt es nichts, obwohl einige Reiseführer doch recht abenteuerliche Geschichten von sich geben. Der Bunker ist zugeschüttet, könnte aber nach Auskunft von Fachleuten durchaus irgendwann geöffnet werden. Dafür müsste allerdings der private Eigentümer der Flächen sein Einverständnis geben. Alle anderen Bunker sind inzwischen unter hohen Erdwällen verschwunden oder ganz gesprengt.

Auch Reste der Neuen Reichskanzlei sind nirgendwo zu finden. Alle Suchaktionen in der ganzen Stadt von Geschichtsinteressierten nach der Wende blieben erfolglos. Weder am Sowjetischen Ehrenmal im Treptower Park noch in der Humboldtuniversität oder an der Volksbühne am Rosa-Luxemburg-Platz wurden Steine aus dem einstigen Machtzentrum verbaut. Von den vielen möglichen Adressen ist nur noch der große Steinhaufen des Affengeheges im Tierpark Friedrichsfelde übrig geblieben.

Dennoch gibt es wenigstens einen Ort zum buchstäblichen Anfassen der Geschichte: An der Ecke Hannah-Arendt-Straße/Gertrud-Kolmar-Straße liegen im Jahre 2008 gefundene Fenstergewinde oder Dachgesimse aus der Neuen Reichskanzlei.

Flughafen Tempelhof

Schaudern und Staunen in verborgenen Räumen
des monumentalen Gebäudes

Dicker Ruß klebt am Metallgeflecht vor den Fassungen der hier einst leuchtenden Glühlampen. In den Decken klaffen große Löcher und selbst die stählernen Armierungen konnten der großen Hitze nicht standhalten und verformten sich zu eigenartigen Gebilden. Mit den tagelang hier lodernden Flammen verschwanden auch sämtliche Geheimnisse dieses unterirdischen Komplexes mitten in Berlin. Der Bunker auf dem Gelände des früheren Flughafens Tempelhof gehört zweifellos zu den unwirtlichsten Orten der ganzen Stadt. Er erzählt aber dennoch einige interessante Details über diese geschichtsträchtige und noch längst nicht vollständig erforschte Anlage.

Der Eingang zum sogenannten Dokumentenbunker befindet sich in einem unscheinbaren Haus am Columbiadamm und damit etwas abseits des lang gestreckten Gebäudes mit der Leuchtschrift »Zentralflughafen«. Es geht zwei Etagen in die Tiefe, bis sich der Besucher inmitten von rußgeschwärzten Wänden voller Kritzeleien, Zahlen und Namen wiederfindet. Eindringlinge haben sich hier offenbar illegal Zutritt verschafft und sich auf zweifelhafte Art verewigt. Vom ursprünglichen Bestimmungszweck der Räumlichkeiten ist nichts mehr zu erkennen. Hier lagerten bis Ende April 1945 Tausende Foto-Negative und große Mengen an Filmen des Unternehmens »Hansa Luftbild« von Motiven aus ganz Deutschland und Europa. Als die Rote Armee den Tempelhofer Flughafen erobert hatte, entdeckte sie schließlich auch den verschlossenen Bunker und sprengte die Stahltüren. Das Zelluloid fing sofort Feuer und verbrannte vollständig. So zumindest erklären Fachleute die Vernichtung des gesamten Bunkerinhaltes. In jüngster Zeit taugte der dunkle Betonkasten sogar als Filmkulisse. Einige Szenen des Ende 2012 in deutschen Kinos erstmals gezeigten Monumentalstreifes »Cloud Atlas« sind hier gedreht worden.

Dieses geheimnisvolle Bauwerk am Columbiadamm gehört zu einer ganzen Reihe von ungewöhnlichen Orten im riesigen Flughafengebäude. Besucher erhalten hier in der Regel nur bei regu-

Verkohlte Reste des »Dokumentenbunkers«.

lären Führungen Zutritt. Einige Bauteile wie der parallel zum Flughafengebäude verlaufende Straßen- und Eisenbahntunnel können aber auch eigenständig aufgesucht werden. Ab und zu rollen hier sogar Autos auf dem alten Pflaster, wobei es sich meistens um Fahrzeuge von hier arbeitenden Baufirmen und ansässigen Gewerbebetrieben handelt. Nichts erinnert an dieser Stelle mehr an die unterirdische Produktion von Kriegstechnik ab 1943, als – auch unter dem Einsatz von Zwangsarbeitern – die Jagdflugzeuge Focke-Wulf 190 und die JU-87, die den Beinamen »StuKa« (Sturmkampfflugzeug) erhielt, produziert wurden.

Die Unterwelt des Flughafens erfüllte während des Kriegs noch eine andere Funktion. In 300 Luftschutzräumen brachten sich Tausende Menschen vor den Bombardierungen in Sicherheit. Einige Keller sind erhalten geblieben und überraschen die heutigen Entdecker durch ihre humorvollen Bilder und Zitate von Wilhelm Busch an den Wänden, die den Insassen in den schweren Stunden des Wartens wohl etwas Abwechslung bieten sollten. Die damalige Situation in den überfüllten Kellern können sich Besucher heute kaum noch vorstellen. Erleichtert atmen sie auf, wenn die schwere Eisentür beim Verlassen der Räume wieder ins Schloss fällt.

Die amerikanischen Streitkräfte, die den in ihrem Sektor gelegenen Flughafen Tempelhof Anfang Juli 1945 von der Roten

Die Unterwelt des Flughafens diente während des Krieges der Rüstungsproduktion.

Armee übernommen hatten, veränderten das unterirdische Labyrinth zwar kaum. Aber bis heute stößt man auf ihre Spuren, die unterschiedlicher kaum sein könnten. Da steht beispielsweise noch ein originaler Squash-Container aus Holz, in dem die kleinen Bälle heftig gegen die Wände gedroschen wurden, wovon viele Abdrücke zeugen. Auch das Schild mit dem Verbot schwarzer Schuhsohlen in diesem Sportraum hat die lange Zeit seit dem Abzug der US Air Force 1993 unbeschadet überdauert.

Von dort ist es nur ein Katzensprung zur früheren »Kommandozentrale« der Amerikaner. Die dicken Mauern dürften eine weitgehende Abhörsicherheit gewährleistet haben. Aber bis auf eine große Übersichtskarte vom Flughafen haben die Militärs sämtliche Technik ausgeräumt und mit in die Heimat oder auf andere Stützpunkte genommen. Nur die kleinen Schilder am Brett für die Ablage der Uniformmützen deuten auf die einst hier präsent gewesene Sicherheitsabteilungen und anderer geheimer Dienststellen hin. Der Zugang zu diesem Raum war streng überwacht und reglementiert, wie die Fenster und Schleusen vor den Türen beweisen.

Ein Swimmingpool nur für die Soldaten

Die Karte selbst zeigt noch eine kaum bekannte Freizeitstätte der US-Militärs. Zwischen den Enden der beiden Start- und Landebahnen und damit in Höhe des heutigen Zugangs zum Gelände vom Tempelhofer Damm (S- und U-Bahn-Stationen) befand sich tatsächlich ein »Swimming Pool«, der aber längst zugeschüttet ist. Ebenfalls erkennbar ist der Verlauf der Eisenbahnstrecke vom Südring bis ins »Herz« der Abfertigungsanlagen. Sie diente aber ausschließlich dem Frachtverkehr.

Einen schönen Überblick über die Ausmaße des Flughafens, den Stararchitekt Norman Foster einmal als »die Mutter aller Airports« adelte, gibt auch das gewöhnlich nicht zugängliche »Obergeschoss« der Eingangshalle. Denn an der Stirnseite dieses rund 90 Meter langen Raumes, der auch als besondere Veranstaltungsstätte gilt, hängt eine große Luftbildaufnahme vom »Tag der offenen Tür« am 12. Mai 1989. Damals lag jeder Gedanke an den Fall der Mauer noch in weiter Ferne. Die Amerikaner präsentierten ihre neueste Militärtechnik, während sich in die Erinnerung vieler damaliger Besucher vor allem ein Detail eingeprägt hat: ein Kilogramm schwere Eisbecher.

Von dem Raum oberhalb der Decke dürfte damals kaum ein Festbesucher oder Passagier etwas gewusst haben. Er war auch früher öffentlich nicht zugänglich und diente möglicherweise geheimen oder zumindest geheimnisvollen Vorgängen. Die Decke ist nach dem Kriegsende ganz bewusst unterhalb der 21 großen Fenster eingezogen worden, um die »monumentale

STECKBRIEF

Schon seit 1923 gab es einen regulären Flugverkehr auf dem »Tempelhofer Feld«. Um den starken Anstieg der Passagierzahlen zu bewältigen, begann 1936 der Bau eines monumentalen Empfangsgebäudes nach Plänen von Ernst Sagebiel für bis zu sechs Millionen Fluggäste pro Jahr. Hitler selbst wollte einen »Weltflughafen«, der an der gigantischen Nord-Süd-Achse der geplanten Welthauptstadt »Germania« stehen sollte. Während des Krieges, in dem die Bauarbeiten 1941 zum Erliegen kamen, diente das Gelände der Rüstungsproduktion und als Kommandantur des Fliegerhorstes in Tempelhof. Am Columbiadamm bestand zwischen 1933 und 1936 Berlins einziges offizielles KZ. Im April 1945 übernahm zuerst die Rote Armee das Gelände, bevor die Amerikaner drei Monate später folgten. Sie richteten hier einen großen Militärstützpunkt ein. Vom 26. Juni bis zum 12. Mai 1949 starteten und landeten hier Flugzeuge im 90-Sekunden-Takt, um während der berühmten Luftbrücke das eingeschlossene Westberlin zu versorgen.

In den folgenden Jahrzehnten diente Tempelhof für Tausende DDR-Flüchtlinge als Tor in die Freiheit, weil die innerdeutschen Grenzen immer stärker bewacht wurden.

1975 endete der 1951 aufgenommene zivile Luftverkehr, weil sämtliche Starts und Landungen nun nur noch vom neuen Flughafen in Tegel erfolgten. Zehn Jahre später durften wieder kleinere Geschäftsflieger Tempelhof nutzen. Die Wiedervereinigung 1990 führte zu einer starken Zunahme des Betriebs. 1993 übergab die US Air Force den Airport an die Berliner Flughafengesellschaft.

Seit 1995 steht das Gebäude unter Denkmalschutz. 2008 erfolgte die Einstellung des Flugbetriebes.

Information

Im Auftrag des Landes Berlin verwaltet die Berlin kompakt GmbH & Co. KG, vertreten durch die Tempelhof Projekt GmbH, das Areal. Diese bietet verschiedene Führungen an, auch in englischer Sprache. Auskünfte unter Telefon 030/200 03 74 41, www.tempelhoferfreiheit.de

Anreise

Schnell und bequem erreicht man mit der U-Bahn-Linie 6 die Stationen Paradestraße und Platz der Luftbrücke. Hier halten auch die Buslinien 248 und 104.

Erlebnismöglichkeiten

Das Freigelände des Flughafens kann täglich bis zum Einbruch der Dunkelheit von jedermann für unterschiedliche Freizeitbeschäftigungen wie Spazierengehen, Radfahren, Grillen oder Drachensteigen kostenlos genutzt werden.

Einkehr

Am Platz der Luftbrücke und am Tempelhofer Damm gibt es unterschiedliche Restaurants, darunter viele mit asiatischer und italienischer Küche.

→ Extra-Tipp

Direkt am Platz der Luftbrücke (Hausnummer 6) befindet sich in den Räumen des Polizeipräsidiums die sehenswerte »Polizeihistorische Sammlung«. Besucher können allein oder in geführten Gruppen einen Rundgang durch 800 Jahre Berliner Polizeigeschichte unternehmen. Zu sehen sind Uniformen, Waffen sowie Arbeitsmittel der Polizei und Tatwerkzeuge aus diversen Kriminalfällen. Zur Sammlung gehören auch zahlreiche Autos, Motorräder und Transportfahrzeuge der Polizei. Informationen unter www.phs-berlin.de

Wirkung der Architektur«, wie es damals hieß, zu mindern. Jetzt ist der Eingang vor der eigentlichen Haupthalle nur noch fünf statt 15 Meter hoch. In dem nun entstandenen Obergeschoss zeigen einige Wände noch deutliche Brandspuren von den Explosionen am Kriegsende.

Heute stolzieren bei gelegentlichen Modemessen junge Frauen und Männer durch die ungewöhnlichen Kulissen. Meistens geraten aber nur neugierige Besucher bei einer Führung ins Staunen – einmal über das riesige Foto vom Mai ´89 und dann über das auf den meisten Geländeplänen fehlende Obergeschoss.

Schwerbelastungskörper Tempelhof

Ein Betonkoloss als Probe für das größenwahnsinnige »Germania«

Zwei weiße Gartenstühle, ein runder Tisch, ein Stück Kunstrasen und zwei Blumenkästen auf dem Boden: Im Handumdrehen hat sich die Aussichtsplattform neben dem unheimlich erscheinenden »Schwerbelastungskörper« in der Nähe des Bahnhofes Südkreuz in Tempelhof in ein gemütlich wirkendes Kleingartenidyll verwandelt. Die meisten Besucher reagieren nach dem Treppenaufstieg völlig überrascht, nehmen Platz und genießen die erstaunliche Aussicht. Obwohl es nur 87 Stufen bis nach unten sind, schweift der Blick über das ganze Panorama des Potsdamer Platzes, zum Fernsehturm, zum Schöneberger Gasometer und schließlich bis zum Steglitzer Kreisel. Kein Hochhaus und kein sonstiges Bauwerk verstellen die Aussicht.

Dabei ist dieses kostenlose Vergnügen auf der von Künstlern immer mal wieder umgestalteten Terrasse nur eine Art Bonus für den Ausflug an die General-Pape-Straße. Denn eigentlich dient die Plattform dem besten Blick auf einen

Bis zum Schöneberger Gasometer reicht der Blick von der Aussichtsplattform in Höhe des Betonklotzes.

Nur ein Testkörper für einen Triumphbogen.

Betonkoloss, der hier seit 1942 nutzlos herumsteht und nur noch die schier unglaublichen Visionen der Nationalsozialisten für die Neugestaltung Berlins veranschaulicht. Tafeln und Fotos vermitteln eine vage Vorstellung von den größenwahnsinnigen Plänen einer »Welthauptstadt Germania«, die die Menschen mit gigantischen Bauwerken beeindrucken sollte. Allein die große Versammlungshalle in der Nähe des Reichstags wurde für 180.000 Menschen geplant. Eine 120 Meter breite Nord-Süd-Achse führte auf den Plänen von Hitlers bevorzugtem Architekten Albert Speer direkt auf den »Großen Bogen« (auch als »Triumphbogen« bezeichnet) zu, hinter dem dann als Abschluss noch der neue Südbahnhof folgen sollte.

Heute erinnert fast nur noch dieser merkwürdige »Schwerbelastungskörper« an die durch den Kriegsverlauf zum Glück nicht verwirklichten Pläne für »Germania«. Zwischen Siegessäule und Brandenburger Tor befinden sich lediglich die Reste eines 20 Meter hohen und 200 Meter langen Straßentunnels, der den Verkehr an der Kreuzung der Nord-Süd-Achse mit der Ost-West-Achse (die heutige »Straße des 17. Juni«) aufnehmen sollte. Er diente im Krieg als Luftschutzraum und ist öffentlich nicht zugänglich. Aber auch der Flughafen Tempelhof, einst immerhin das größte Gebäude der Welt, das Olympiastadion und das Messegelände an der Masurenallee zählen zu den Hinterlassenschaften der typischen Nazi-Architektur.

Diese Beschreibung trifft auf den 12.650 Tonnen schweren Betonklotz in Tempelhof nun beim besten Willen nicht zu. Und doch steht er direkt mit Hitler und Speer im Zusammenhang. Beide wollten damit die Tragfähigkeit des Bodens an dieser Stelle eben für jenen Triumphbogen prüfen, den Hitler schon 1926 auf zwei Blättern von der Größe einer Postkarte skizziert hatte. Er sollte unter anderem die Namen der im Ersten Weltkrieg gefallenen deutschen Soldaten aufnehmen und zur Neubewertung dieses Krieges im Sinne der Nazi-Ideologie beitragen. Deshalb sprengten die geplante Größe von 117 Meter Höhe und 170 Meter Breite auch alle Maßstäbe ähnlicher Bauten auf der Welt. Am »Schwerbelastungskörper« hing gewissermaßen das bauliche Schicksal von »Germania«.

In zwei Jahren 19 Zentimeter abgesackt

Vor allem französische Kriegsgefangene bauten dieses Ungetüm, das 14 Meter in die Höhe und 18 Meter in die Tiefe ragt. Auf einem Quadratzentimeter lasteten damals bei einer rund 100 Quadratmeter großen Grundfläche mehr als 12 Kilogramm Gewicht. Das Ergebnis entsprach dann den Erwartungen: In zwei Jahren hatte sich der Zylinder um 19 Zentimeter nach unten gedrückt. Speer und Hitler hätten also nach einer entsprechenden Verdichtung des Bodens den monströsen Triumphbogen bauen können.

Nach dem Krieg gab es immer mal Überlegungen, den Betonkörper zu sprengen. Weil aber die nahen Bahngleise nicht gefährdet werden sollten, blieb er stehen. Bis in die 1980er-Jahre diente er noch als Forschungsobjekt, bis das Gelände schließlich verwilderte. Erst seit 1995 steht er unter Denkmalschutz. Die Künstler stellten die Gartenidylle übrigens nicht nur zur Überraschung der Besucher auf die Aussichtsplattform. Sie nahmen Bezug auf die vielen Kleingärten bis zum Bahnhof Südkreuz, die ebenfalls für »Germania« hätten weichen müssen.

STECKBRIEF

Der Schwerbelastungskörper wurde 1941/42 gebaut, um den Baugrund für einen riesigen Triumphbogen im Zuge der geplanten Neugestaltung Berlins zur Welthauptstadt »Germania« zu testen. Er wiegt 12.650 Tonnen und ragt 14 Meter in die Höhe und 18 Meter in die Tiefe. Im Laufe von zwei Jahren sank er um 19 Zentimeter in den Boden ein. Seit 1995 steht er unter Denkmalschutz.

Information

In einem Pavillon vor dem Betonklotz gibt es viele Erklärungen zur Geschichte des Bauwerks und zur geplanten Welthauptstadt »Germania«. Geöffnet ist das Gelände von Anfang April bis Ende Oktober Dienstag und Mittwoch von 14 bis 18 Uhr, Donnerstag von 10 bis 18 Uhr und Sonntag von 13 bis 16 Uhr. Der Eintritt ist frei. Sonntags um 12 Uhr beginnt eine kostenpflichtige Führung, veranstaltet vom Verein »Berliner Unterwelten«. Im Winterhalbjahr sind Gruppenführungen nach Anfrage unter Tel. 030/49 91 05 17 möglich. Informationen unter www.schwerbelastungskoerper.de, www.berliner-unterwelten.de

Anreise

Der Betonklotz steht an der Ecke General-Pape-Straße/Loewenhardtdamm, unweit der Kolonnenbrücke. Vom S-Bahnhof Julius-Leber-Brücke (S1) verkehren die Busse 104 und 106. Vom Bahnhof Südkreuz dauert der Spaziergang 10 bis 15 Minuten.

Erlebnismöglichkeiten

Besucher können den Schwerbelastungskörper sowohl von innen als auch von außen besichtigen. Eine Aussichtsplattform steht auf gleicher Höhe wie die obere Kante des Betonzylinders. Hier gibt es einen wunderbaren Blick zum Potsdamer Platz und in andere Berliner Viertel.

SA-Gefängnis Papestraße

Ein Wurstverkäufer gab den entscheidenden Tipp
für die Suche nach dem Folterkeller

Die Schreie aus dem Keller haben sich tief in sein Gedächtnis
eingebrannt. Selbst sechs Jahrzehnte später konnte sich der
Mann an viele Details erinnern und damit endlich das Geheimnis um den genauen Schauplatz des erstmaligen NS-Terrors in
Berlin lüften. Als Wurstverkäufer musste er im Frühjahr 1933
regelmäßig im Kasernenkomplex an der General-Pape-Straße
Ware ausliefern. Dabei sei er an Kellern vorbeigekommen, in
denen Menschen offensichtlich gequält und gefoltert wurden,
erzählte er nach einem Zeitzeugenaufruf in den 1990er-Jahren.
Die Prügelorgien hätte nach seiner Erinnerung niemand über-
hören können, auch nicht die Bewohner in den angrenzenden
Häusern oder Spaziergänger. Demnach legten die SA-Männer
augenscheinlich gar keinen Wert auf eine Geheimhaltung ihrer
Angriffe auf Kommunisten, Juden und andere »Staatsfeinde«.
Sie brüsteten sich mit ihren Taten, mit denen sie sich buchstäblich Gehör und Respekt verschaffen wollten.

Dank der Hinweise des Wurstverkäufers konnte gezielt nach
Spuren des Folterkellers gesucht werden, nachdem bereits
1981 am Eingang zum Garnisonskomplex eine Gedenktafel
angebracht worden war. Damals kannte man den genauen
Standort noch nicht und sprach auf der Tafel von »Opfern des
frühen Naziterrors 1933 in Kellern der Kaserne General-Pape-
Straße«. Der eigentliche Ort liegt nun ein ganz Stück hinter
der ersten Gedenktafel. Seit 2013 ist der Keller des Hauses mit
der Nummer 54 A ein öffentlich zugänglicher Gedenkort. Noch
gilt er unter Geschichtsinteressierten als Geheimtipp, zumal die
spärliche Ausschilderung schon Pfadfindergespür erfordert.

Schon nach den ersten Stufen in den Keller beschleicht den
Besucher ein bedrückendes Gefühl. Vom langen und breiten
Gang gehen nummerierte Holztüren nach rechts und links ab.
Hier wütete eine als Feldpolizei am 24. Februar aufgestellte
Sonderformation der SA. Sie bekämpfte auf brutalste Art nicht
nur sogenannte Regimegegner, sondern brachte auch Mit-
glieder der NSDAP gewaltsam auf die gewünschte Parteilinie.

Bislang sind die Namen von etwas 500 Inhaftierten ermittelt worden, die hier tage-, wochen- oder monatelang eingesperrt waren. Schätzungen gehen von einer viermal so großen Zahl aus. Mindestens 30 Personen kamen durch die Misshandlungen während der Haft oder durch deren Folgen ums Leben. Erst im Dezember 1933 zog die in Feldjägerkorps umgetaufte SA-Formation in die Alexanderkaserne in Mitte. Viele Häftlinge wurden in das KZ Oranienburg verlegt oder mussten bei ihrer Freilassung eine Erklärung unterschreiben, wonach sie in der General-Pape-Straße »gut behandelt« worden seien.

Was sich aber tatsächlich in den Zellen und auf dem Gang ereignet hat, kann anhand der sorgfältig restaurierten Inschriften, Zeichen, Symbolen und Kritzeleien oder später angefertigter Zeichnungen nur erahnt werden. Zwischen 20 und 100 Häftlinge mussten sich beispielsweise gemeinsam

In diesem Gebäude des Kasernenkomplexes befand sich 1933 Berlins erstes KZ.

Mindestens 30 Inhaftierte erlitten in diesen Kellern tödliche Verletzungen.

im kleinen Kellerraum aufhalten, ohne sanitäre Einrichtungen. An die Verhöre in den oberen Räumen schloss sich Folter der schlimmsten Art an. Die Häftlinge wurden blutig geschlagen und an verschiedenen Körperteilen misshandelt. Vor allem jüdische Bürger, unter ihnen Rechtsanwälte, Ärzte und Kaufhausbesitzer, mussten unter den Schlägen der SA-Männer leiden. Dokumentationen an den Wänden zeichnen das Schicksal mehrerer Personen nach. Namentlich werden unter

STECKBRIEF

Von März bis Dezember 1933 befand sich im ehemaligen Kasernengebäude der Preußischen Eisenbahnregimenter an der General-Pape-Straße ein frühes Konzentrationslager unter Führung der SA-Feldpolizei. Der genaue Standort dieses einzigen historischen Ortes des frühen NS-Terrors in Berlin konnte erst nach langen Recherchen von ehrenamtlichen Mitgliedern der Geschichtswerkstatt Papestraße ermittelt werden. Im Keller des Hauses mit der heutigen Nummer 54 A wurden rund 2.000 Menschen inhaftiert und gefoltert. Mindestens 30 Inhaftierte starben in der Haft oder an deren Folgen. Seit 2013 gibt es eine Dokumentation, ein Archiv und einen Gedenkraum für die Todesopfer.

Information

Der Gedenkort an der Papestraße kann dienstags bis donnerstags und sonntags von 14 bis 18 Uhr besichtigt werden. Es werden regelmäßig Führungen angeboten, die für Besuchergruppen auch außerhalb der Öffnungszeiten stattfinden können. Der Eintritt ist frei.
Informationen unter www.gedenkort-papestrasse.de

Anreise

Der ehemalige Kasernenkomplex befindet sich gegenüber vom Bahnhof Südkreuz (S-Bahn und Fernverkehr) in Tempelhof. Besucher des Gedenkorts gehen auf dem Werner-Voß-Damm geradeaus bis zur Gedenktafel und halten sich dann links. Die Hausnummer 54 A beherbergt den früheren Haftkeller.

Erlebnismöglichkeiten

Empfehlenswert ist der Geschichtsparcours durch die umliegenden Straßen. Tafeln erinnern an längst vergessene Dinge wie eine Pferdebahn, einen Start- und Landeplatz für Fesselballone und Luftschiffe oder an ein Wohnheim für Flüchtlingsfamilien aus der DDR.

> **→ Extra-Tipp**
> Ganz in der Nähe befindet sich der zum Test für die Welthauptstadt »Germania« gebaute und von Frühjahr bis Herbst zu besichtigende Schwerbelastungskörper. Auch der Flughafen Tempelhof liegt nicht weit entfernt.

anderem der Reichstagsabgeordnete Max Hern, der sozialdemokratische Gewerkschaftsvorsitzende Martin Pletti und der Vorsitzende des Freidenker-Verbandes Max Sievers genannt.

Hellseher Hanussen inhaftiert und tags darauf ermordet

Auch das Schicksal des als Hellseher bekannt gewordenen österreichischen Trickkünstlers Erik Jan Hanussen ist mit dem SA-Gefängnis verknüpft. Trotz seiner jüdischen Herkunft sympathisierte er mit den Nationalsozialisten und sagte angeblich sogar den Reichstagsbrand am 28. Februar 1933 voraus. Am 23. März 1933 wurde er von der SA verhaftet und in den Folterkeller im Kasernenkomplex an der General-Pape-Straße geschafft. Schon am nächsten Tag brachte ihn ein SA-Sturmführer auf der Straße zwischen Zossen und Baruth, südlich Berlins, um. Die Leiche wurde einige Wochen später gefunden. Hanussen erhielt ein Grab auf dem Südwestkirchhof Stahnsdorf am südwestlichen Berliner Stadtrand. Über den Grund für den Mord wird bis heute gestritten. Am wahrscheinlichsten erscheint wohl die Variante, dass NS-Größen ihre Beziehungen zu dem jüdischen Mann vertuschen wollten. Andere Theorien nennen Schulden von SA-Männern bei Hanussen als Mordmotiv.

Genauso rätselhaft bleibt der Grund für einen Schattenriss des jüdischen Kaufmanns David Trisker, genannt der Wiener, auf einer Wand des Kellergangs. Sein Name darunter ist sowohl in lateinischer als in hebräischer Schrift gehalten. Er war 1903 im österreichischen Czortkow geboren worden und 1914 nach Charlottenburg gezogen. In Amsterdam starb er 1940 unter ungeklärten Umständen. Vielleicht kann ein weiterer Zeitzeugenaufruf auch dieses Geheimnis eines Tages lüften.

Ehemalige Abhörstation auf dem Teufelsberg

Die einst mit Antennen bestückten Kuppeln bieten ein sagenhaftes Echo und einen weiten Blick über Berlin

Bei diesem Echo fühlt sich so mancher Besucher sofort wie ein großer Tenor. Denn schon ein einfacher Brummton löst eine schier unglaubliche Resonanz aus, sodass Menschen jeder Altersgruppe ganz unwillkürlich eine Melodie oder zumindest einen kräftigen Laut anstimmen. Kaum beginnt einer, schließen sich ihm die anderen spontan an. Der Akustik wegen kommen manchmal sogar spirituelle Gruppen hierher, um die Kraft ihres Gesangs auf sich wirken zu lassen.

Diese Stimmübungen finden in einer höchst ungewöhnlichen und noch immer geheimnisvoll anmutenden Umgebung statt: in der oberen Kuppel der ehemaligen Abhörstation auf dem Teufelsberg im Grunewald. Seit 1962 prägt die Anlage mit den nach wie vor weit leuchtenden weißen Kuppeln, den sogenannten Radoms, die Silhouette im Südwesten der Hauptstadt. Obwohl Berliner Medien vor allem in den Jahren nach der Schließung der »Field Station Berlin« der amerikanischen und britischen Streitkräfte 1992 umfangreich über die Geschichte und die mögliche Zukunft des mysteriösen Ensembles berichteten, umgeben den Teufelsberg noch immer zahlreiche Mythen, Legenden und Spekulationen. Diese haben sich im Laufe des letzten Jahrzehnts sogar noch vermehrt, wozu nicht zuletzt die starken Zerstörungen durch Eindringlinge und Buntmetalldiebe beigetragen haben. Viele Räume, Säle, Gänge, Keller und einzelne Bauten sind so verändert worden, dass ihr ursprünglicher Bestimmungszweck zunächst gar nicht mehr zu erkennen ist. Außerdem ließen Investoren gezielt Mauern abreißen, um beispielsweise eine Musterwohnung einzurichten oder andere Verkaufsobjekte vorzubereiten. Ebenso erschweren große Wandzeichnungen und unzählige Graffiti eine Vorstellung vom einstigen Geschehen in dieser damals unter strenger Geheimhaltung betriebenen Anlage. Die Augen blicken wie gebannt auf die Bilder, Schriftzüge und Symbole der offenbar aus vielen Ländern stammenden Künstler.

Die weißen Kuppeln sind trotz vieler Zerstörungen weithin sichtbar.

Wer sich einer der regelmäßig stattfindenden Führungen anschließt, trifft nach wie vor auf zahlreiche Künstler. Sie stehen auf Leitern und werkeln, zimmern in den anliegenden Räumen oder arbeiten gleich unter freiem Himmel an mehr oder minder großen Objekten. Sofas, Sessel und Planen deuten auf einen durchaus längeren Aufenthalt der Kunstszene an diesem magischen Ort hin. Sogar vom geräumten Künstlerquartier »Tacheles« in der Oranienburger Straße hat es einige Mitstreiter an diesen Rand der Stadt verschlagen.

Eine U-Boot-Station im Berg?

Der Weg bis zu diesem höchsten Punkt Westberlins führt an mehreren markanten Bauten vorbei, die schon aus weiter Entfernung auszumachen sind. Den besten Blick auf das Ensemble bietet der etwas niedrigere Drachenberg neben dem Teufelsberg. Beide sind nach dem Zweiten Weltkrieg durch das massenhafte Aufschütten von Trümmern aus der westlichen Innenstadt entstanden. Die Basis des Teufelsbergs bildeten Reste der zerbombten Wehrtechnischen Fakultät, die Hitlers Architekt Albert Speer als Teil eines großen Hochschulareals in der »Welthauptstadt Germania« geplant hatte. Aus den Berichten über diese 1937 begonnenen und 1940 eingestellten Arbeiten Speers speisten sich nach dem Krieg zahlreiche Legenden, darunter auch die einer »U-Boot-Teststation«. Belege dafür gibt es jedoch nicht und alle Versuche, Mauern der angefangenen Fakultät freizulegen, scheiterten bisher vor allem an den Kosten.

Doch auch die oberirdischen Bauten der amerikanischen und britischen Armee bzw. der Geheimdienste beider Länder geben noch nicht alle Geheimnisse preis. Bei ihrem Abzug vom Teufelsberg 1992 nahmen die Militärs, die von hier aus

Die Berliner Silhouette liegt den Besuchern von oben in ihrer ganzen Schönheit zu Füßen.

STECKBRIEF

Ende der 1950er-Jahre wurde der britische Geheimdienst auf die strategisch günstige Lage des aus Kriegstrümmern aufgeschütteten Teufelsbergs im Grunewald aufmerksam. Aus einer mobilen Antennenanlage entstand ab 1962 eine große Abhöranlage der USA, die auch von den Briten genutzt wurde. Die Field Station Berlin, in der bis zu 1.500 Angestellte weit in die DDR und andere Ostblockstaaten hineinlauschten, war bis Februar 1992 in Betrieb. Danach nutzte die Deutsche Flugsicherung das Gelände bis 2006. Im Jahre 2000 hatten bereits Abriss- und Bauarbeiten für ein Hotel und Eigentumswohnungen der »Investorengemeinschaft Teufelsberg« begonnen. Nach Widerständen in der Umgebung gegen die Projekte und Differenzen zwischen den Investoren wurde der Teufelsberg 2005 vom Bezirksamt als »Waldfläche« ausgewiesen. Der Kölner Architekt und Eigentümer Hartmut Gruhl favorisiert den Bau eines Lokals im Hauptturm und die Einrichtung eines Museums.

Informationen

Das Gelände der ehemaligen Abhörstation ist noch durch den dreifachen Zaun der amerikanischen Streitkräfte gesichert, der aber viele Löcher aufweist. Die Führungsangebote wechseln und sind am besten vor Ort zu erfragen. In der Vergangenheit fanden diese täglich ab 13 Uhr zu jeder vollen Stunde statt. Sonnabends bot der Verein »Berliner Unterwelten« eine historische Führung an. Weitere Informationen gibt es unter www.berlinsightout.de.

Anreise

Von der Heerstraße zweigt in Höhe des S-Bahnhofes Heerstraße die Teufelsseestraße in Richtung Süden ab. In Höhe des Parkplatzes beginnt eine recht steile Asphaltstraße bis zur Abhörstation. Vom S-Bahnhof Grunewald führt der Neue Schildhornweg bis zur Teufelsseestraße.

Einkehr

Am S-Bahnhof Grunewald befinden sich beiderseits des Fußgängertunnels mehrere Restaurants mit Biergärten.

Erlebnismöglichkeiten

Der Grunewald wird von zahlreichen Wander- und Radwegen durchzogen. Die drei S-Bahnhöfe Grunewald, Nikolassee und Wannsee ermöglichen viele Kombinationsmöglichkeiten.

→ Extra-Tipp

Am S-Bahnhof Grunewald erinnern mehrere Gedenktafeln und ein Mahnmal an die Deportation jüdischer Bürger Berlins in die NS-Vernichtungslager. Der erste Deportationszug fuhr am 18.10.1941 nach Litzmannstadt (Lodz), der letzte am 5.1.1945 nach Sachsenhausen. Vom Güterbahnhof Grunewald mussten rund 50.000 Juden in den Tod fahren.

seit 1961 den Telefon- und Funkverkehr in den Ostblockstaaten bis angeblich »kurz vor Moskau« abhörten und ein raffiniertes Radarwarnsystem unterhielten, sämtliche technischen Geräte mit. Sogar in den Gebäudeteilen, die wie die Messe am Eingang, das Wachhaus oder die Klimagebäude nicht dem Lauschen, Sammeln, Auswerten, Verschlüsseln und Vernichten von Informationen dienten, fehlen durch Diebstahl und Zerstörung sämtliche Möbel und Einbauten. So musste sich ein Forschungsteam von Absolventen der TU Berlin für ihre 2013 veröffentlichte Dokumentation auch auf Dokumente des Ministeriums für Staatssicherheit der DDR (Stasi) stützen, um den Geheimnissen der Field Station mit ihren 1.200 bis 1.500 Angestellten näherzukommen.

Angesichts der Zerstörungen bedarf es großer Fantasie, sich hier ein immer wieder ins Gespräch gebrachte »Museum des Kalten Kriegs« vorzustellen, das in den drei begehbaren Kuppeln entstehen könnte. Unter den nur noch teilweise erhaltenen Plastik- und Stoffbahnen befanden sich die großen Antennen, die es ermöglichten, weit ins Lager des Gegners hineinzuhören. Zwischen den im Wind flatternden Abdeckungen der Radoms bietet sich den Besuchern ein fantastischer Blick auf fast ganz Berlin. Die Aussicht kann selbst vom obersten »Echo-Radom« aus genossen werden, nachdem dort vor Jahren ein vergittertes Fenster in die Außenhaut montiert worden ist. Es darf also gesungen oder Ausschau gehalten werden.

Olympiastadion in Charlottenburg

Eine vergoldete Kapelle im Keller und eine Halle
unterm Marathontor

Im ersten Moment reagieren die meisten Besucher sprachlos,
wenn sie inmitten eines ovalen Raumes mit vergoldeten Wänden, einem schlichten Altar, einer glänzenden Taufschale und
perfekt angeordneten Hockern stehen. Anfangs ist es mühevoll,
die in grau gehaltenen Worte und Sätze im weiten Rund zu le-
sen. Doch sobald sich die Augen an das viele Gold gewöhnt und
das Gewirr aus 17 Sprachen durchschaut haben, sind Zitate aus
dem Neuen und Alten Testament, Psalmen und Brieffragmente
zu erkennen. Inhaltlich verbindet all diese Zitate der Sport mit
Begriffen wie »Leistung«, »Siegespreis« und »Letzter«, schließlich befindet sich dieser ungewöhnliche Raum ausgerechnet
im riesigen Olympiastadion. Obwohl die Kapelle hier schon zur
Fußball-WM 2006 eröffnet worden war, gehört sie nach wie vor
zu den geheimen Orten der Stadt. Sie kann nur bei Führungen
oder nach einer Anmeldung besucht und genutzt werden.

Sogar Trauungen und Taufen sind hier in der letzten Etage
unterhalb der großen Tribüne mit den VIP- und Ehrenplätzen,
der Ehrenhalle und der »Atrium« getauften Veranstaltungs-
halle möglich. Die Lage am Sockel der Tribüne und damit vier
Stockwerke unter dem Fußweg ums Stadion hat natürlich einen einfachen Grund: Gleich in der Nachbarschaft befinden
sich die Umkleidekabinen für die Sportler, sodass diese sich
vor oder nach den Spielen in der Kapelle besinnen und einen
Moment zur Ruhe kommen können. Da es sich um einen öku-
menischen Andachtsraum handelt, sind sowohl evangelische
als auch katholische Christen jederzeit willkommen. Maximal
70 Personen finden hier Platz, und selbst eine Orgel fehlt nicht.

Neben der Kapelle hat so ein riesiger Komplex wie das Olympiastadion mit seinen 74.000 Sitzplätzen natürlich noch mehr
Erstaunliches zu bieten. Allein 1.200 Türen soll es in den ober-
und unterirdischen Gängen geben. Nicht alle werden während
der Führungen geöffnet, beispielsweise jene zur Polizeiwache
mit den sieben Verwahrzellen für festgenommene Störer eines
Spiels. Da die Räumlichkeiten neben der Polizeiwache aber die

Golden glänzt die Kapelle in der Unterwelt des Olympia-stadions.

meiste Zeit im Jahr leer stehen, dienten sie schon einigen Film-leuten als Kulisse für Krimis.

Schier endlos erscheinen die Flure tief unter den Tribünen. Kein Fenster gibt unterwegs den Blick nach draußen frei. Selbst die Bundesligaspieler tauchen oft erst am Ende der aus den Tiefen herausführenden Treppe oder der benachbarten Rolltreppe in die hitzige Atmosphäre des Stadions ein, da sich auf dem Weg von der Mannschaftskabine bis zum Spielfeld keinerlei Bildschirme befinden.

Keine Seife im Entmüdungsbecken

Die Kabinen sind überraschend schlicht gehalten. Auf einer 72 Quadratmeter großen Grundfläche reihen sich offene Spinde aneinander, auch eine Gymnastikstange zum Aufwärmen hat hier Platz gefunden. Auf den weißen Flipcharts an der Stirn-seite haben Trainer den Spielern ihre Taktik aufgezeichnet. Jedenfalls zeugen Spuren davon. Vereinsfarben, das Emblem oder gar Fotos von Hertha BSC vermisst man im weiten Rund aber vergeblich. Die Mannschaft trägt in diesem Stadion zwar

**Auf der unterirdischen Laufbahn stimmt sich so mancher Fuß-
ballspieler auf das Match ein.**

sämtliche Heimspiele aus, das Gebäude selbst gehört jedoch
dem Land Berlin. Lediglich das Blau der Laufbahn um das Fuß-
ballfeld deutet auf den heimlichen Hausherren hin.

Nur wenige Schritte weiter stellen sich sofort Erinnerungen
an Bilder jubelnder Mannschaften ein. Das »Entmüdungs-
becken« hat jedenfalls nach einem Gewinn des Pokalfinales
schon viele ausgelassen feiernde Fußballer, reichlich fließenden
Sekt und volle Biergläser gesehen. Im Original erscheinen die
Ausmaße gegenüber den Fernseh- und Zeitungsbildern eher
klein. Manch ein Fitnessstudio oder Saunaclub besitzt da größeren Komfort. Dafür lassen die Schilder über dem Einstieg
doch schmunzeln. So ist nicht nur die »Benutzung von Seife«
verboten, sondern auch der Verzehr von »Kaugummi, Speisen
und Getränken«. Ebenfalls sind Behälter aus Glas nicht erlaubt.
Aber zum Glück gelten bei besonderen Anlässen Ausnahmen.

Auch das Marathontor, durch das bei den Olympischen
Spielen 1936 die Langstreckenläufer ins jubelnde Stadion ein-
liefen, beherbergt in seinem Untergrund einen geheimen Ort.
Er ist 120 Meter lang, besitzt am Ende eine Sprunggrube für
den Weitsprung, an der Seite Krafträume und viel Platz für
große Pressekonferenzen wie zur Fußball-WM: die Laufhalle.

STECKBRIEF

Das Olympiastadion war zu den Olympischen Sommerspielen 1936 nach einem Entwurf des Architekten Werner March mit einer Kapazität für 100.000 Zuschauer auf den Resten eines Vorgängerbaus errichtet worden. Charakteristisch ist neben der Ehrentribüne mit der »Führerloge« der freie Blick über das Marathontor zum Glockenturm und zum Maifeld. Zwischen 2000 und 2004 wurde die Anlage für die Fußball-WM 2006 für 242 Millionen Euro umgebaut und mit einem Dach versehen. Original geblieben sind die oberen Bereiche der Zuschauerränge sowie die aus Muschelkalk bestehende Außenfassade und andere Elemente.

Informationen
Es werden täglich Führungen durch das Stadion angeboten. Die öffentlichen Bereiche, der Olympiapark und der Glockenturm können auf eigene Faust erkundet werden. Lediglich an Spieltagen von Hertha BSC und anderen Sportveranstaltungen sind Besichtigungen nicht möglich. Fragen zur Nutzung der Kapelle werden vom Hospitality Management unter Tel. 030/30 68 81 13 beantwortet. Alle anderen Informationen gibt es im Besucherzentrum unter Tel. 030/25 00 23 22, www.olympiastadion-berlin.de.

Anreise
Die U-Bahnlinie U2 und die S-Bahnlinie S5 fahren direkt zum Olympiastadion. Bis zur Flatowallee in Stadionnähe verkehren auch die Buslinien M49 und 218. Autofahrer finden Parkplätze vor allem auf dem Olympischen Platz vor dem Osttor.

Einkehr
In der Ostkurve hat das Stadionrestaurant auch außerhalb der Spieltage geöffnet. Für den Rückweg vom Stadion ins Zentrum empfiehlt sich eine Einkehr in der Osteria Centrale in der Bleibtreustraße 51, nahe Savignyplatz, um beste italienische Küche zu genießen.

Erlebnismöglichkeiten

Der Glockenturm bietet einen schönen Blick über das gesamte Areal. Wer sich für Geschichte interessiert, findet im Sportmuseum auf dem Gelände des Olympiaparks viele Informationen (Montag bis Freitag 10 bis 13, www.sportmuseum-berlin.de). Dokumente speziell zum Olympiastadion bietet die Ausstellung in der Langemarckhalle am Glockenturm. Im Sommer kann der Ausflug mit einem Abstecher ins Freibad direkt am Stadion verbunden werden.

→ Extra-Tipp

Gut 15 Kilometer weiter westlich befindet sich an der heutigen B 5 in Dallgow-Döberitz das Olympische Dorf von 1936. Es kann zwischen Anfang April und Ende Oktober besichtigt werden. Erhalten geblieben sind unter anderem die Turmhalle, die Schwimmhalle und einige Sportlerunterkünfte. Hier wird vor allem an den Superstar Jesse Owens erinnert. Für das große Speisehaus der Nationen sucht die DKB-Stiftung als Eigentümer dagegen weiterhin nach Interessenten.

Der Kunststoffbelag trägt hier eine rote Farbe. Schon so mancher Sportler dürfte sich hier die gewünschte Tagesform verschafft haben – ungesehen von Zuschauern und vielleicht auch Konkurrenten.

Kant-Garagen in Charlottenburg

Für die »Mutter aller Parkhäuser« lieferte möglicherweise ein prächtiges Loire-Schloss eine entscheidende Anregung

So mancher als »genial« gefeierter Einfall eines Architekten entpuppt sich mitunter später als schlichte Kopie eines längst bestehenden Bauwerks. Selbst die einst als »Mutter aller Parkhäuser« gefeierten und heute wenig ansehnlichen Kant-Garagen in der gleichnamigen Hauptstraße in Charlottenburg besitzen ein solches Geheimnis, wenn auch ein sehr schönes und schier unglaubliches. Die »International Herald Tribune« verriet es im Sommer 2013 nach einem Gespräch mit Anthony Herrey, dem hochbetagten Sohn von Hermann Zweigenthal, der zusammen mit Richard Paulick den im Oktober 1930 eröffneten Bau entworfen hatte. Der 1932 geborene Herrey behauptete im Interview, dass sein Vater ausgerechnet im prächtigen Loire-Schloss Chambord die entscheidende Anregung für die damals viel bewunderte Auf- und Abfahrt des Parkhauses gefunden habe.

Die Nutzer der Kant-Garagen gelangen mit ihren Autos auf der einen Seite hinauf und auf der anderen Seite wieder

Die »Mutter aller Parkhäuser« in der Kantstraße.

hinunter, ohne sich dabei zu begegnen. Die heute längst übliche Konstruktion war tatsächlich bis 1957 bei solchen Bauten einzigartig. In Chambord winden sich in dem im frühen 16. Jahrhundert erbauten Schloss zwei Treppen um einen zentralen Kern nach oben. Das Prinzip eines getrennten Auf- und Abstiegs ist hier also dasselbe.

Die vermeintliche Parallelität zwischen der nach Öl, Benzin und Farben riechenden Hochgarage und dem mit vielen Türmen geschmückten Prachtbau im lieblichen Loire-Tal klingt zunächst wenig einleuchtend. Doch dem Architekten Zweigenthal, der als Jude aus Nazi-Deutschland flüchten musste und den Namen Anthony Herrey annahm, war das Schloss in Chambord zumindest bekannt. Das bestätigte schließlich sein gleichnamiger Sohn gegenüber der »International Herald Tribune«. Er könne zwar für die »offensichtliche Inspiration« keine Beweise liefern, aber die Vermutung mache aus seiner Sicht durchaus Sinn.

Möglicherweise haben sich die beiden Architekten Zweigenthal und Paulick für die Kant-Garagen aber auch von einem ganz anderen Ort inspirieren lassen. So verfügte auch die schon 1928 fertiggestellte »Richmond Garage« in Richmond im US-Bundesstaat Virginia über eine solche doppelgängige Wendelauffahrt. Die Geschichte vom Loire-Schloss ist aber natürlich viel romantischer.

Immer wieder droht die Abriss-Birne

Die Kant-Garagen selbst haben ihre besten Zeiten schon hinter sich, wie sich bei einer Erkundung zu Fuß oder mit dem Auto leicht feststellen lässt. Deshalb gibt es immer wieder Forderungen des Eigentümers nach einem Abriss des vermeintlichen Schandflecks, den Denkmalschützer und Historiker bisher erfolgreich verhindern konnten. Schließlich sei die Hochgarage die älteste ihrer Art in Europa und damit auch ein Symbol der Automobilgeschichte, heißt es dann. Manchmal ist in solchen Debatten sogar vom »Kant-Garagen-Palast« die Rede, auch wenn der Begriff der heutigen Erscheinung überhaupt nicht mehr gerecht wird.

Zu entdecken gibt es nicht nur die doppelgängige Wendelrampe. Vom Hof aus, wo die S-Bahn in schneller Folge

Eine nicht mehr ganz intakte Glasfassade schützt die Auf- und Abfahrten.

vorbeidonnert, lässt sich beispielsweise eine Vorhangfassade aus Glas bewundern, die bei entsprechender Pflege sicherlich wieder glänzen würde. Als Unikate gelten auch die Schiebetüren, die seit 1930 die 300 Garagenboxen verschließen und den Blick ins Innere verwehren. Gerüchten zufolge verbergen die Türen nicht nur Autos, der Fantasie sind in diesem fünfgeschossigen Areal keine Grenzen gesetzt. Zu den vielen sonderbaren Geschichten gehört auch jene aus dem Jahre 1951, als

Die getrennten Auf- und Abfahrten machten die Garagen einst berühmt.

sich ein Dieb mit seiner Komplizin nach einem Raubüberfall in Weißensee ausgerechnet in den Kant-Garagen versteckte.

Kein Wunder also, dass hier schon so manche »Tatort«-Szene und einige Actionstreifen gedreht worden sind. Man glaubt fast, dass in jedem Augenblick ein Wagen mit quietschenden Reifen um die Ecke biegen müsste.

Dabei ging es in dem Gebäude in den Jahren nach der Eröffnung ganz gesittet und ruhig zu. Chauffeure steuerten die Autos der wohlsituierten Bürger Charlottenburgs in die Garagen. Die Verantwortung für den Komplex lag beim Allgemeinen Deutschen Automobil-Verein, der in den 1930er-Jahren als Hauptmieter eingezogen war. Damals gab es sogar noch ausgewiesene Waschplätze, die später zu Garagen umfunktioniert wurden. Heute riecht es fast in jeder Ecke nach Öl, Benzin und Schmutz. Lediglich die Tankstelle neben der Einfahrt macht nach ihrer Renovierung noch einen guten Eindruck, den man sich auch für die doch recht charmante gesamte Garage wünscht.

STECKBRIEF

Die im Oktober 1930 eröffnete Hochgarage stammt von den Architekten Hermann Zweigenthal und Richard Paulick, die später beide vor den Nazis ins Exil flüchten mussten. Paulick wurde nach dem Kriegsende durch den Bau der Staatsoper Unter den Linden und die Stalinallee bekannt. Auftraggeber für das Parkhaus war Louis Serlin. Eine Besonderheit stellen die beiden spiralförmigen und vor allem separaten Auf- und Abfahrten dar, die ihr Vorbild in dem Loire-Schloss Chambord haben sollen. Im Krieg blieb der Bau für 300 Autos weitgehend von Zerstörungen verschont, sodass es in ganz Europa heute kein vergleichbares Gebäude gibt. Die heutigen Eigentümer möchten das Haus gern abreißen, das Bezirksamt Charlottenburg-Wilmersdorf verweigert ihnen aber unter Hinweis auf den Denkmalschutz die Zustimmung.

Anreise
Die Kant-Garagen befinden sich in der Kantstraße 126/127. Ganz in der Nähe liegen die S-Bahnstationen Charlottenburg und Savignyplatz.

Einkehr
Am Savignyplatz gibt es mehrere empfehlenswerte Restaurants. In der Kantstraße dominieren asiatische Lokale und Geschäfte.

Erlebnismöglichkeiten
Unweit des Übergangs des nördlichen Teils der Kantstraße in die Neue Kantstraße liegt der Lietzensee mit schönen Möglichkeiten zu Spaziergängen und zur Einkehr.

→ Extra-Tipp
Für Interessierte an der Automobilgeschichte lohnt sich ein Abstecher in die »Classic Remise« in der Wiebestraße 36–38. Im früheren Straßenbahndepot stehende mehrere Dutzend Oldtimer der unterschiedlichsten Marken und Baujahre. Die Ausstellungen sind bei freiem Eintritt täglich von 8 bis 20 Uhr geöffnet (sonntags ab 10 Uhr). Zu erreichen ist das einstige Depot vom S-Bahnhof Beusselstraße oder mit der Busline M27 von den U-Bahnhöfen Turmstraße und Mierendorffplatz. www.remise.de

Friedhof Grunewald Forst

Ständig neue Nachrichten am Grab
einer unvergessenen Ikone

Botschaften an Verstorbene gehen gewöhnlich nicht über den »Letzten Gruß« auf Kranzschleifen oder wenige Worte auf Grabsteinen hinaus. Mitten im Grunewald aber hinterlegen Menschen aus ganz Deutschland, halb Europa und sogar aus Übersee regelmäßig Nachrichten an eine 1988 gestorbene Frau, die hier ihre letzte Ruhestätte gefunden hat. Ein kleiner Kasten am Fuß des Grabes enthält zahlreiche Zettel mit ganz persönlichen Erinnerungen, Gedichten, Zeichnungen und geheimnisvoll anmutenden Formulierungen. Diese sind keineswegs nur auf Deutsch gehalten, sondern auch auf Englisch und Französisch. Manche sind sogar mit einem Code versehen. Selbst BVG-Karten und eine von Ticket-Kontrolleuren ausgestellte Zahlungsaufforderung wegen Schwarzfahrens finden sich in dem offensichtlich regelmäßig geleerten Sammelsurium.

Sorgsam werden alle Dinge in den Kasten zurückgelegt, um sich etwas näher mit der offensichtlich unvergesslichen Person zu beschäftigen. Fotos zeigen neben dem von Ringen, einem

Etwas versteckt liegt der Eingang zum Selbstmörderfriedhof.

Amulett, einem Weinglas und anderen Dingen geschmückten Grabstein eine gut aussehende Frau mit einem verführerischen Blick und langen Haaren. Der Künstlername »Nico« über dem bürgerlichen Namen Christa Päffgen und den Jahreszahlen 1938–1988 weckt durchaus die Neugierde auf die folgende Recherche. Auf dem Friedhof »Grunewald Forst« finden sich jedoch keine weiteren Hinweise, auch das Gelände selbst scheint ein großer geheimer Ort zu sein. Ohne den Wegweiser am Abzweig des Pfades von der Havelchaussee wäre er kaum zu finden. »Selbstmörderfriedhof« wurde die nur 80 Meter lange und 60 Meter breite Anlage im Wald oberhalb der Havel einst genannt.

Die Herkunft dieses merkwürdigen und nicht nur in Berlin einmaligen Namens lässt sich rasch durch den Blick in Archive und alte Veröffentlichungen klären. Hier tauchen mit »Schandacker« und »Friedhof der Namenlosen« noch andere und nicht weniger sonderbare Bezeichnungen auf. Diese stammen, so stellte sich beim Studium diverser Papiere heraus, schon aus der zweiten Hälfte des 19. Jahrhunderts.

Damals suchten Angehörige von Menschen, die sich das Leben genommen hatten, nach einem stillen und abseits gelegenen Begräbnisplatz. Denn bis 1845 galt der Freitod in Preußen als Verbrechen und bis 1920 verweigerten die (ausschließlich kirchlichen) Friedhöfe den Selbstmördern eine würdige Bestattung. Die Stelle im Grunewald ergab sich keineswegs zufällig. An der unterhalb des jetzigen Friedhofs gelegenen Havelbucht hatte die Strömung immer wieder Wasserleichen ans Ufer getrieben. Berliner Zeitungen schrieben vor mehr als 100 Jahren über das tragische Schicksal von Dienstmädchen, die von ihren »Herren« geschwängert worden waren und den Tod als einzigen Ausweg sahen. 1878 wurde hier heimlich das erste Grab angelegt.

»Jagd vorbei« und »Mutti und Papa«

Verbürgt ist das Schicksal von fünf Russen, die wegen der Oktoberrevolution 1917 und dem Sturz des Zaren geflohen waren und sich in der Havel das Leben genommen hatten. Ihre Leichen spülte die Havel ans Schildhorn. Fünf große russisch-orthodoxe Andreaskreuze erinnern heute auf dem Friedhof

Nicos Grab mit dem Behältnis für neue Nachrichten.

an sie. So wie hier finden sich auch über anderen Gräbern Namen. Manchmal stehen auch nur anonyme Inschriften wie »Unbekannt«, »Mutti und Papa«, »Jagd vorbei« oder »Lilo«. Oft fehlt aber jeglicher Hinweis, beispielsweise bei vielen Gräbern für die in den letzten Kriegstagen im April und Mai 1945 ums Leben gekommen und hier bestatteten Berliner. Neue Gräber werden heute nicht mehr angelegt. Nur Angehörige von an dieser Stelle bereits begrabenen Toten dürfen sich eine Grabstelle reservieren lassen.

Dank der regelmäßig erneuerten Botschaften an »Nico« gerät der besondere Friedhof aber bestimmt nicht in Vergessenheit. Denn auch ein Vierteljahrhundert nach ihrem Tod scheint

STECKBRIEF

Der Friedhof »Grunewald Forst« trägt die Adresse »Im Ja-gen 135« und den Beinamen »Selbstmörderfriedhof«. Ab der zweiten Hälfte des 19. Jahrhunderts fanden hier zahlreiche Menschen eine letzte Ruhestätte, die sich das Leben genom-men hatten und in der Havelbucht angeschwemmt worden waren. 1920 wurde der »Schandacker« zu einem städtischen Friedhof. Es gibt zahlreiche anonyme Gräber. Das bekanntes-te Grab gehört Christa Päffgen, die als »Nico« in den 1950er- und 1960er-Jahren Mode- und Musikgeschichte schrieb.

Informationen
Der Friedhof ist täglich geöffnet. Das Grab von »Nico« trägt die Nummer 82 und befindet sich, vom Eingang gesehen, auf der linken Seite in der vorletzten Reihe. Vor allem am 16. Oktober (Geburtstag) und am 18. Juli (Todestag) treffen sich Anhänger an ihrer Ruhestätte.

Anreise
Die Buslinie 218 fährt vom S-Bahnhof Wannsee in den Grune-wald. Von der Haltestelle Havelweg sind es rund 600 Meter Fußweg bis zum Friedhof. Wanderer und Radfahrer nehmen vom S-Bahnhof Grunewald den Schildhornweg in Richtung Havelchaussee.

Einkehr
Das 1869 eröffnete Wirtshaus Schildhorn empfängt ganz-jährig ab 12 Uhr seine Gäste direkt an der Havel und damit auf der anderen Seite der Havelchaussee. Mehr Infos unter www.wirtshaus-schildhorn.de

Erlebnismöglichkeiten
Der Grunewald bietet mit seinen zahlreichen Wegen, Wiesen, Lichtungen und kleinen Schluchten viele Möglichkeiten zum Wandern, Rad- und Mountainbikefahren, Picknick oder Son-nenbaden. Im Sommer lohnt sich die Verbindung des Aus-flugs mit einem Abstecher zum Strandbad Wannsee.

→ **Extra-Tipp**

Die Aussichtsplattform des Grunewaldturms an der Havelchaussee in 36 Meter Höhe erlaubt einen weiten Blick über
die Havel. Seit 1899 ist das aus rotem Backstein im Stil der
Märkischen Backsteingotik errichtete Bauwerk das Wahrzeichen des ganzen Ausflugsgebiets. Täglich ab 10 Uhr öffnet
das am Fuß des Turms eingerichtete Restaurant.

die Sehnsucht nach dem einstigen Idol ungebrochen zu sein.
In den Veröffentlichungen wimmelt es jedenfalls nur so von
Geschichten, Affären, umjubelten Auftritten auf Laufstegen,
Bühnen und in Filmen. Die Modewelt lag dem Mannequin
Christa Päffgen jedenfalls ab 1956 zu Füßen, sodass sie nach
Paris umzog und sich hier den Namen »Nico« gab. 1960 spiel-
te sie unter Federico Fellini im Film »La Dolce Vita«. Zwei Jahre
später kam ihr Sohn zur Welt. Sie gab Alain Delon als Vater an,
der das aber vehement bestritt. Bald wurde New York ihr Zu-
hause, wo sie Filme mit Andy Warhol drehte und zum »Popgirl
1966« aufstieg. Warhol brachte sie mit der New Yorker Band
»The Velvet Underground« zusammen, mit der sie zahlreiche
Platten produzierte. Bald danach startete »Nico« mit ihrer tiefen Stimme eine Solokarriere. Das letzte Album erschien 1984.
Sie starb 1988 auf Ibiza, als während einer Fahrradtour ein An-
eurysma platzte. Jahrelanger Heroinkonsum hatte ihren Körper
deutlich geschwächt. Nicht zuletzt der frühe Tod machte sie
zur Legende.

Insel Schwanenwerder

Ein vereiteltes Attentat auf den Reichspropaganda-
minister und andere Geschichten

Die Tarnung als Angler allein reichte nicht aus, denn fremde
Personen fielen an diesem hochbrisanten Ort den Wachposten
am Zugang zur Insel und den Streifen im Grunewald grund-
sätzlich immer auf. So dauerte es auch nicht lange, bis die
Handschellen bei Hansheinrich Kummerow im Herbst 1942
klickten. Bei der Durchsuchung seiner Tasche war den Kon-
trolleuren eine Sprengladung aufgefallen. Diese wollte der
Chemie-Ingenieur unter der kleinen Brücke zur Insel Schwanenwerder detonieren lassen und damit einen der wichtigsten
Männer der Nazi-Führungsriege töten. Propagandaminister
Joseph Goebbels sollte auf dem Weg zwischen seinem Wohnhaus auf der Insel und der Straße nach Nikolassee sterben.

Über die Folgen des Todes oder einer schweren Verletzung
Goebbels' für den Fortgang des Krieges lässt sich nur speku-
lieren. Auf jeden Fall wäre es ein Signal für den Widerstand
gewesen. Die Rache der Nazis kannte jedenfalls keine Gnade:

Auf dieser kleinen Brücke sollte Goebbels sterben.

Stelen mit Fotos und Texten halten die Geschichte fest.

Im Dezember 1942 wurde Kummerow zum Tode verurteilt und im Februar 1944 hingerichtet. Heute gibt es keine Erinnerungen an den Mann, der sich schon in den 1930er-Jahren dem kommunistischen Widerstand angeschlossen hatte. Die zu DDR-Zeiten nach ihm in seiner Geburtsstadt Magdeburg benannte Straße trägt seit 1990 eine andere Bezeichnung. Auf der Brücke oder auf Schwanenwerder gibt es keinen Hinweis auf die dramatischen Ereignisse 1942.

Seit einiger Zeit gibt es jedoch zahlreiche Informationen über die Insel selbst für deren Besucher. Mehrere gläserne

Stelen künden in Text und Bild von der turbulenten Geschichte dieser bis heute exklusivsten Insel Berlins. Schließlich waren auch für Albert Speer und Adolf Hitler Grundstücke erworben beziehungsweise reserviert worden. Vor allem der einstige Polizeipräsident Georg Schertz, der seit seiner Kindheit hier lebt, hat sich um diese Dokumentation unter freien Himmel an der zentralen Stelle verdient gemacht.

1933 waren die überwiegend jüdischen Eigentümer der Villen und Parzellen von den Nazis vertrieben worden. Goebbels wohnte seit 1935 in der Inselstraße 10, im einstigen Anwesen des Bankiers Oskar Schlitter. Hier hielt er Hof, ließ pompöse Feste ausrichten und sich von einer auf dem Nachbargrundstück stationierten SS-Einheit bewachen. Das erklärt nicht zuletzt auch den Plan von Kummerow, das Attentat auf der unbeaufsichtigten Inselbrücke verüben zu wollen. Bereits 1943, und damit ein Jahr nach der Festnahme des Attentäters, verließ Goebbels Schwanenwerder und zog sich mit seiner Familie in das am Bogensee bei Wandlitz, rund 30 Kilometer hinter der nördlichen Berliner Stadtgrenze versteckt gelegene Anwesen Waldhof zurück. Waldhof wurde nach Kriegsende Teil der FDJ-Jugendhochschule und steht heute leer und zum Verkauf.

Angst vor den Bomben

Ausschlaggebend für Goebbels' Umzug soll aber nicht die Furcht vor weiteren Anschlägen gewesen sein, sondern die starken Bombardements der Alliierten auf Berlin. Vielleicht verschob sich auch deshalb der geplante Umzug von Albert Speer und Adolf Hitler auf die Insel. Obwohl die Villen auf Schwanenwerder von den Angriffen verschont blieben, erlitten sie nach Kriegsende dennoch beträchtliche Schäden durch Plünderer. Die meisten Häuser wurden nicht zuletzt deshalb abgerissen, so auch das Anwesen von Goebbels. Auf dessen Grundstück entstand Ende der 1950er-Jahre ein eingeschossiger Pavillon mit einem Büro- und Garagengebäude, in dem von 1974 bis kurz nach der Wiedervereinigung das amerikanische Aspen-Institut arbeitete. Dem ersten Direktor, Shepard Stones, ist eine Gedenktafel am Haus gewidmet. Heute findet man das Aspen-Institut an der Friedrichstraße. Das Insel-Grundstück

Die Bildungs- und Tagungsstätte zeugt vom alten Glanz.

befindet sich nach einer Versteigerung wieder in Privateigentum.

Doch bei aller Neugierde auf die Pläne der neuen Bewohner ist die Zeit der großen Spekulationen wohl vorbei. Zuletzt machte 2007 das Gerücht die Runde, Brad Pitt und Angelina Jolie hätten sich auf der Insel ein Grundstück gesichert. Doch die damals errichtete monströse Villa, von den Einheimischen »Marinebunker« genannt, gehört einem Unternehmerduo aus Zehlendorf.

Der Rundgang um die Insel dauert nicht lange, zumal nirgendwo ein Zugang zum Wasser möglich ist. Lediglich bei der Evangelischen Bildungs- und Tagungsstätte an der Spitze des Rundweges besteht ab und zu die Chance, in den Garten zu gelangen. Auf höfliche Anfrage öffnen die dortigen Angestellten den Weg auf die Rückseite der Villa der Erbengemeinschaft des Gründers der Villenkolonie, Friedrich Wilhelm Wessel. Beim Blick auf die Havel und den Großen Wannsee versteht man den Zauber dieses herrlichen Fleckchens Erde mit seiner bewegten Vergangenheit dann noch etwas besser.

STECKBRIEF

Die 25 Hektar große Insel war 1882 von dem Lampenfabrikanten Friedrich Wilhelm Wessel erworben, parzelliert und zur Villenkolonie gemacht worden. Er selbst bezog den heute noch erhaltenen Schwanenhof auf der Landseite der ovalen Inselstraße. 1901 erfolgte zur besseren Vermarktung der Villengrundstücke die Umbenennung von Sandwerder in Schwanenwerder. Tatsächlich ließen sich noch vor dem Ersten Weltkrieg Bankdirektoren, Warenhaus-, Fabrik- und Brauereibesitzer und andere Wohlhabende hier nieder. Unter den Nationalsozialisten wurden die vorwiegend jüdischen Eigentümer zum Zwangsverkauf und zum Verlassen der Insel getrieben. Propagandaminister Goebbels zog in die Inselstraße 8–10. Ein Widerstandskämpfer bereitete 1942 ein Attentat auf Goebbels an der Inselbrücke vor, wurde aber vorher enttarnt. Nach dem Krieg erhielten die meisten Eigentümer oder deren Erben ihren rechtmäßigen Besitz zurück, verkauften diesen aber größtenteils an das Land Berlin. Die meisten alten Villen verschwanden in den 1950er- bis 1970er-Jahren und machten Platz für mehr oder weniger gelungene Neubauten. Dazu gehören ein Jugendfreizeitheim, eine Kindererholungsstätte und ein Gruppenzeltplatz. Das Kinder- und Jugendgästehaus in der Inselstraße 22 gehörte einst dem Bankier Arthur Salomon und war als Wohnsitz Hitlers vorgesehen.

Anreise
Die Insel kann nicht mit öffentlichen Verkehrsmitteln erreicht werden. Vom S-Bahnhof Nikolassee dauert der Fußweg rund eine halbe Stunde auf der Wannseebadstraße. Im Sommer fährt der Bus 312 zum S-Bahnhof Wannsee, die Wegstrecke verkürzt sich von dort auf 20 Minuten.

Erlebnismöglichkeiten
Auf der Insel selbst gibt es kein Ausflugslokal und offiziell keinen Zugang zum Wasser. Sehenswert sind die Säulen als Überreste des zerstörten Palais des Tuileries in Paris, die 1882 von Deutschland erworben worden waren und jetzt hinter der Inselbrücke über den Wannsee stehen. Auch die

Geschichtsstelen mit Fotos und Dokumenten sind eine ausführliche Betrachtung wert. Der Ausflug in die Region kann mit einem Abstecher in die Gedenkstätte »Haus der Wannseekonferenz« in der Straße Am Großen Wannsee 56 – 58 oder in die Max-Liebermann-Villa in der Colomierstr. 4 am Wannsee verbunden werden.

→ Extra-Tipp

Den schönsten Blick auf die Insel Schwanenwerder bietet die BVG-Fähre F 10 vom Bahnhof Wannsee nach Alt-Kladow. In Alt-Kladow gibt es viele Einkehrmöglichkeiten. Zu den reizvollsten Zielen gehört das Restaurant im Gutspark Neukladow (mittwochs bis sonntags), wo regelmäßig Veranstaltungen stattfinden. Ganz in der Nähe befindet sich auch das Militärhistorische Museum auf dem ehemaligen Flugplatz Gatow mit zahlreichen Exponaten über die Bundeswehr und die NVA.

Die Pfaueninsel in der Havel

Eine geheimnisvolle Holztür in einer Eiche und eine Spurensuche nach Edgar Wallace

Eine uralte Eiche auf der beliebten Pfaueninsel im Berliner Süd-westen gibt Spaziergängern Anlass zu Spekulationen: Einige wähnen in dem alten Baum den Eingang zu einem Tunnel zum Festland im Grunewald, während andere ein unterirdisches Labyrinth voller Schatzkisten für wahrscheinlich halten. Selbst eine Abhörstation des US-Geheimdienstes während des Kal-ten Krieges in Richtung des nahe gelegenen Potsdams wird in der Eiche vermutet. Weitere Möglichkeiten wären ein übrig

Die geheimnisvolle Tür in der alten Eiche.

gebliebener Kulissenteil der einst auf der Insel gedrehten Edgar-Wallace-Filme oder ein getarnter Beobachtungsposten für die Abschlussfeier der Olympischen Spiele 1936 in Berlin mit allen Nazi-Größen und internationaler Prominenz. Es ist auf jeden Fall erstaunlich, welche Fantasien eine Holztür in einem großen Loch im Stamm einer Eiche wecken kann. Aber schließlich befindet sich das geheimnisvoll wirkende Unikum auf einer Insel, die neben ihrer Schönheit auch durch eine bewegte und manchmal verborgene Geschichte besticht.

Die ausschließlich mit der Fähre auf die Insel kommenden Besucher verhalten sich sehr unterschiedlich, wenn sie die Tür in der Eiche entdecken. Oft schauen sie sich zuerst einige Zeit unsicher um, bevor sie vorsichtig an der alten Konstruktion ziehen. Nur mit allerlei Verrenkungen gelingt es ihnen dann, einen Blick durch einen schmalen Spalt ins Innere des Baumes zu werfen. Andere Besucher gehen weniger zurückhaltend vor: Sobald sie sich unbeobachtet fühlen, rütteln sie kräftig am Schloss und mitunter auch an den Brettern.

»Dabei geht leider immer mal wieder etwas zu Bruch«, beklagt der ehemalige Gartendirektor der Stiftung Preußische Schlösser und Gärten Berlin-Brandenburg, Michael Seiler, der seit 1979 dauerhaft im Kastellanhaus wohnt. Auf den Ärger und den Reparaturaufwand reagiert er jedoch gelassen. »Die Leute wollen eben liebend gern Geheimnisse lüften und gehen dabei oft mit einem erstaunlichen Eifer ans Werk.« Er selbst wolle sich nicht an den vielen Geschichten und Vermutungen beteiligen. »Schon auf einer bildlichen Darstellung aus dem Jahre 1834 ist die Tür jedenfalls zu erkennen«, sagt der Fachmann. »Vielleicht wollten Naturliebhaber einfach einen ziemlich alten Baum schützen.« Während er das sagt, lächelt er allerdings durchaus verschmitzt. Eine Insel braucht wohl auch ihre Geheimnisse.

Für den früheren Gartendirektor der Schlösserstiftung verstecken sich noch mehr solcher Mysterien vor allem in der »Architektur der Bäume«. Wer sich auf sie einlasse, würde in ihr ganz unterschiedliche Bilder und Geschichten erkennen. Am besten, so verrät Michael Seiler, eigne sich für die geheimnisvolle Baumerkundung der November. Denn wenn der Nebel die Insel umhülle, würde so mancher Baumriese einem verwunschenen Fabelwesen gleichen.

Das Kavaliershaus taucht in vielen Krimis auf.

Ein Inseltraum der Eichen

Seiler schwärmt, die Pfaueninsel sei ein »Tahiti der Eichen«. Der Mensch sehne sich nach Wildheit und Schönheit und die bekomme er durch die rund 300 Trauben- und Stieleichen hier auch geboten. Alle Könige und Landschaftsgestalter hätten diese Bäume geschützt und gepflegt und beispielsweise die Äcker um sie herum angelegt.

An beeindruckenden Exemplaren auf den großen Flächen zwischen dem weißen Schloss, der als Klosterruine gebauten Meierei oder dem Tempel für Königin Luise fehlt es denn auch nicht. Da brechen an einigen Stellen alte Eichen scheinbar fast zusammen, während anderswo junge Bäume in ältere Exemplare regelrecht hineingewachsen sind. »Die sind wohl schwanger«, lautet die vielleicht schönste Beschreibung aus einem Kindermund für dieses Naturwunder. Eine ungewöhnliche Eiche findet sich auch unweit des eigenartigen »Beelitzer Jagdschirms« direkt an der Havel, hinter dem sich ein mit Borkenrinde verkleidetes Jagd- und Teehaus verbirgt. 1993 schlug ein Blitz in die Eiche ein, ihre Tage schienen gezählt zu sein. Doch der Baum entwickelte neue Triebe und zeigt sich heute robust wie kaum ein anderer auf der Insel.

Vor allem an etwas trüben Tagen würden Filmleute hier wohl die passende Kulisse für Grusel- oder auch Gespensterstreifen finden. Doch die Zeit der großen Dreharbeiten auf der Insel liegt schon eine Weile zurück und ist fast vergessen. Zwischen 1962 und 1968 trieben die von Edgar Wallace beschriebenen Schurken an mehreren Orten des Eilands ihr Unwesen. So ist das weiße Schloss in den Filmen »Die Tür mit den 7 Schlössern« und »Das Schloss von Blackwood Castle« zu erkennen. Das Kavaliershaus mit seiner aus Danzig stammenden Fassade, die zuvor sogar in Nürnberg und Venedig gestanden haben soll, kann man in vielen Werken entdecken, unter anderem in »Das Wohnhaus der Cody's«, »Neues vom Hexer«, »Das Haus der Familie Curtain«, »Das Mädcheninternat« und »Der Mönch mit der Peitsche«. Im letztgenannten Film stellt auch die Meierei einen passenden Hintergrund dar.

Dem einen oder anderen Zuschauer dürfte noch heute ein kleiner Schauer über den Rücken laufen, wenn im Film »Die Tür mit den 7 Schlössern« in der Nacht das Grab für ein Überfallopfer ausgehoben wird. Der als Ruine gestaltete Jacobsbrunnen trägt hier zur gewünschten düsteren Atmosphäre bei.

Selbst das Fährhaus, die Brücken über den Teich vor dem Jagdschirm und das Bootshaus dienten als Edgar-Wallace-Kulissen. Lediglich die Holztür in der alten Eiche wurde von den Drehbuchschreibern und Regisseuren ignoriert; vielleicht erschien sie ihnen etwas zu geheimnisvoll.

STECKBRIEF

Die 67 Hektar große Pfaueninsel hatte König Friedrich Wilhelm II. 1793 erworben. Sie steht seit 1924 unter Naturschutz und darf damit nicht weiter bebaut oder verändert werden. Größter Schatz sind neben den zahlreichen Pfauen vor allem die rund 300 zum Teil uralten Eichen. Das Eiland gehört seit 1990 zum Unesco-Weltkulturerbe und wird von der Stiftung Preußische Schlösser und Gärten Berlin-Brandenburg verwaltet. Für einen Besuch der ganzjährig zugänglichen Insel sind zwei bis drei Stunden einzuplanen.

Informationen

Das Schloss ist von April bis Oktober täglich außer montags von 10 bis 17.30 Uhr geöffnet. Die Meierei ist ganzjährig sonnabends und sonntags von 10 bis 17.30 (im November und Dezember ab 11 Uhr) im Rahmen einer Führung zugänglich. Im Fährhaus betreibt die Schlösserstiftung einen Museumsshop. Infos unter www.spsg.de

Erlebnismöglichkeiten

Die Pfaueninsel ist zu jeder Jahreszeit ein lohnendes Ausflugsziel. Vor allem im Sommer ziehen die Rosen viele Besucher an. Im Winter lassen sich dank des fehlenden Blattwerks die »Architektur der Eichen« und die raffinierten Blickachsen am besten erkennen.

Anreise

Die Insel ist nur zu Fuß und ohne Hunde zu betreten. Selbst Fahrräder dürfen nicht mitgenommen werden. Vom S-Bahnhof Wannsee verkehrt der Bus 218 bis zur Fähre, mit der man zur Insel übersetzen kann. Diese ist im Sommer zwischen 9 und 20 Uhr, von November bis Februar von 10 bis 16 Uhr in Betrieb. Autofahrer gelangen über den Nikolskoer Weg von der Königstraße (B 1) aus zu einem Parkplatz in rund 300 Metern Entfernung vom Fähranleger. Die Eiche mit der Holztür befindet sich rechts vom Fährhaus, unweit des Eingangs zur Gärtnerei.

Einkehr

Ab und zu wird auf der Insel ein Kaffee-Kiosk betrieben. Direkt an der Fähre lohnt sich auf dem Festland ein Besuch im »Wirtshaus zur Pfaueninsel«.

→ Extra-Tipp

Neuerdings häufen sich Berichte über eine schwarze Gestalt mit roten Augen, die auf der Insel ihr Unwesen treibt und auch von Land aus zu beobachten sei. Dabei soll es sich um die »verfluchte Seele« des Alchimisten Johann Kunckel handeln, der Mitte des 17. Jahrhunderts auf der Insel im Auftrag des Königs Rubinglas herstellte.

Stillgelegte Siemensbahn

Bäume und Sträucher erobern die einst viel
genutzte und fast vergessene S-Bahnstrecke in die
Siemensstadt

Von den großen Bahnhofsuhren ist nur der runde Rahmen übrig. Die Treppen zur Unterführung enden an einer dicken Mauer
und das Dach wird durch zusätzliche Stützen vor dem Einsturz
bewahrt. Am ehemaligen S-Bahnhof Siemensstadt mitten in
der zum Unesco-Welterbe zählenden Großsiedlung von Walter
Gropius und anderen Stararchitekten steigen schon lange keine
Fahrgäste mehr ein und aus. Der letzte Zug hielt hier im September 1980, bevor der Streik der Beschäftigten der von Ostberlin
verwalteten Reichsbahn zur Stilllegung fast aller Strecken im
Westteil der Stadt führte. Heute liegt die Station im Verborgenen, einen offiziellen Zugang gibt es nicht mehr. Der Zaun entlang der von Bäumen und Sträuchern zugewachsenen S-Bahnstrecke weist jedoch an mindestens zwei Stellen große Lücken
auf, die Entdecker – auf eigene Gefahr – passieren können.

Eine dieser Stellen befindet sich am Popitzweg, genauer
gesagt am nördlichen Ende der Brücke. Hier endet auch das

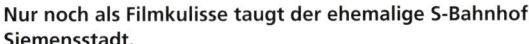

**Nur noch als Filmkulisse taugt der ehemalige S-Bahnhof
Siemensstadt.**

stählerne Viadukt, das die Gleise auf der Strecke zwischen der nicht mehr vorhandenen Einmündung in die S-Bahn und kurz hinter der bröckelnden Station Wernerwerk trug. Es erinnert an ähnliche Bauten an der U-Bahn-Linie 1 in Kreuzberg oder an der U2 an der Schönhauser Allee in Pankow.

Einige ältere Flaschen, Büchsen, Graffiti und andere Hinterlassenschaften weisen darauf hin, dass die S-Bahn-Trasse in der Vergangenheit häufiger von Personen als zeitweiliger Aufenthaltsort genutzt wurde. An einer Stelle liegen sogar große Mengen von Gummiisolierungen, die Diebe von Buntmetallkabeln zurückgelassen haben. Ansonsten muss sich der Neugierige auf seiner Entdeckungstour entlang der Schienen lediglich vor quer über den Gleisen liegenden Ästen, aus dem Schotter wachsenden Birken, großen Büschen oder abgeknickten und entwurzelten Bäumen in Acht nehmen. Souvenirjäger kommen hier allerdings kaum zum Zuge. Sogenannte Pufferküsser, also fanatische Eisenbahnliebhaber, haben schon sämtliche Schilder und Teile aus Elektroschränken abgeschraubt und mitgenommen.

Nach einigen Hundert Metern Fußweg kommen ein Prellbock, nostalgische Peitschenlampen und eine Treppe auf den Bahnsteig des Bahnhofs Siemensstadt in Sicht. Dieser zeigt offen die Spuren des mehr als drei Jahrzehnte langen Stillstandes. Aus dem Pflaster und aus dem Asphalt wachsen die unterschiedlichsten Pflanzen empor. Löcher öffnen den Blick in die Tiefe und im einstigen Sicherungskasten fehlt der gesamte Inhalt. Der einzige schriftliche Hinweis auf die Vergangenheit findet sich über dem hinteren Treppenausgang. Ein längst geschlossenes Bekleidungsgeschäft weist auf einem bekritzelten Schild auf die nächste Filiale im Quellweg 10 hin. Außerdem stecken noch die Tafeln für »Gleis 1« und »Gleis 2« im Rahmen auf dem Bahnsteig, wobei der Rost die Lesbarkeit doch zunehmend erschwert.

Alle fünf Minuten eine S-Bahn

Angesichts der Stille auf dem Bahnhof fällt es schwer, sich vorzustellen, dass hier die S-Bahnen einst im Fünf-Minuten-Takt einfuhren und täglich bis zu 17.000 Siemens-Arbeiter ein- und ausstiegen. Bei der Streckeneröffnung 1929 und in den Jahren bis zum Zweiten Weltkrieg bestand freilich noch eine Direktverbindung bis nach Neukölln oder zur Papestraße in Tempelhof.

Daran konnte die Siemensbahn in der Nachkriegszeit und vor allem nach dem Mauerbau 1961 nie mehr anknüpfen. Die durch Bombentreffer zerstörte Spreebrücke nach dem Abzweig von der Ringbahn konnte zwar schon im September 1945 durch ein Behelfsbauwerk ersetzt werden, aber eines der beiden Gleise wurde als Reparationsleistung demontiert und in die Sowjetunion transportiert. Erst 1956 konnten die Bahnen wieder auf zwei Gleisen aneinander vorbeifahren. Zu diesem Zeitpunkt hatte Siemens seinen Hauptsitz jedoch schon nach München verlegt und beschäftigte in Spandau nie mehr so viele Arbeitskräfte – es waren einst 90 000 – wie vor dem Krieg.

Die Fahrgastzahlen sanken stetig, sodass die Züge nur noch zwischen Jungfernheide und Gartenfeld verkehrten. Boykottaufrufe gegen die »Ulbricht-Bahn«, wie die von der DDR betriebene S-Bahn propagandistisch genannt wurde, trugen ebenfalls zu immer weiter zurückgehenden Passagierzahlen bei. Der S-Bahn-Streik 1980 bedeutete das endgültige Aus, zumal die neue U-Bahn-Linie 7 eine gute Erreichbarkeit der Siemensstadt ermöglichte.

Seit der Wiedervereinigung wird die Siemensbahn immer wieder in unterschiedlichen Plänen thematisiert. So sollte beispielsweise die neue Wasserstadt Spandau angebunden werden, wofür die Strecke über den Bahnhof Gartenfeld verlängert werden müsste. Diese Station wurde bis 2012 von einem Gartencenter genutzt und steht heute leer. Auch in den Diskussionen über die Zukunft des Flughafens Tegel nach der Einstellung des Flugverkehrs kommt die Rede ab und zu auf eine Reaktivierung der Siemensbahn, um die Erreichbarkeit eines möglichen Wissenschaftszentrums auf dem Gelände zu verbessern. Dafür müsste aber die Brücke über die Spree wiederhergestellt werden, die im Zuge des Neubaus der Schleuse Charlottenburg abgerissen worden war. Ob und wann diese Pläne umgesetzt werden, ist unklar, sodass die Siemensbahn noch auf unbestimmte Zeit eine versteckte und geheime Geisterstrecke bleiben dürfte.

STECKBRIEF

Die knapp viereinhalb Kilometer lange Siemensbahn entstand zwischen 1927 und 1929 und sollte die Beschäftigten schnell an ihre Arbeitsplätze in den Siemenswerken bringen. Sie zweigte von der Ringbahn ab und bediente die Bahnhöfe Wernerwerk, Siemensstadt und Gartenfeld. Nach dem Streik der Reichsbahner 1980 wurde der Betrieb nicht wieder aufgenommen. Ideen zur Reaktivierung gelten als wenig realistisch, da die für den Betrieb wichtige Brücke über die Spree seit dem Neubau der Schleuse Charlottenburg fehlt.

Anreise

Der Siemensdamm (U-Bahn-Linie 7, Station Rohrdamm) führt direkt am früheren Bahnhof Wernerwerk vorbei. Von dort braucht man nur dem stählernen Viadukt zu folgen. Hinter dem Popitzweg führt ein Trampelpfad auf den Bahndamm, der sich bis zum ehemaligen Bahnhof Siemensstadt erstreckt. Kurz davor kann der Bahndamm wieder verlassen werden (Quellweg/Mäckeritzstraße). Das Betreten erfolgt in jedem Fall auf eigene Gefahr.

Erlebnismöglichkeiten

Die Siemensstadt wird längst nicht mehr ausschließlich von dem Elektronikkonzern genutzt. Vor mehreren ehemaligen Werkeingängen sind die Sperren, wie an der Wohlrabeallee, inzwischen verschwunden, neue Gewerbebetriebe sind in die Räume eingezogen. Daraus ergeben sich Möglichkeiten zur selbstständigen Erkundung oder zur Teilnahme an Führungen rund um die Industriekultur. Lohnenswert ist ein Aufstieg auf den Siemensturm.

→ Extra-Tipp

In einem 1929 von Fred Forbat an der Ecke Goebelstraße/Geißlerpfad errichteten eingeschossigen Ladenbau befindet sich eine Info-Station zur denkmalgeschützten Siemensstadt. Hier beginnen regelmäßig Führungen. Geöffnet ist die Info-Station, in der Besucher auch einen Kaffee erhalten, sonntags von 13 bis 18 Uhr.
Infos unter www.welterbesiedlungen-berlin.de

Siemensturm in der Siemensstadt

Der einstige Schornstein des Kraftwerks bietet einen tollen Rundblick über ganz Berlin

Für die meisten Bewohner des Spandauer Ortsteils Siemensstadt ist es einfach der »Uhrenturm«. Wer dort wissen möchte, wie spät es ist, sucht ihn selbst aus großer Entfernung im Viertel der wuchtigen Industriebauten, der raffiniert angelegten Werks- und Gartenstadtsiedlungen sowie der Bürgerhäuser aus dem Anfang des 20. Jahrhunderts. Auch Autofahrer wagen trotz des meist dichten Verkehrs auf der Rudolf-Wissell-Brücke der Stadtautobahn einen Blick zum Turm. Und für viele Passagiere der auf dem Flughafen Tegel startenden und landenden Maschinen ist er eine wichtige Wegmarke, befindet sich doch das Flughafengelände in Sichtweite des schlanken Bauwerks. Selbst wenn die genaue Uhrzeit trotz der gewaltigen Ausmaße der auf allen vier Turmseiten angebrachten Zifferblätter aufgrund der Entfernung nicht immer erkennbar ist, gilt der »rote Riese« für viele Siemensstädter als Zeichen der Heimat. Ursprünglich war der »Siemensturm«, so sein offizieller Name, jedoch kein klassischer Aussichts- oder »Uhrenturm«, sondern nur ein äußerst hoher Schornstein.

Wer heute den Turm im Rahmen einer der regelmäßig stattfindenden Führungen besucht, findet zunächst keinen Hinweis auf die ursprüngliche Bestimmung des nach einem Plan des Architekten Hans C. Hertlein im Jahre 1918 fertiggestellten Baus. Hier riecht nichts mehr nach Ruß, Rauch oder Kohlen. Das verwundert kaum, wurde das heute gänzlich verschwundene Kraftwerk doch schon 1960 außer Betrieb genommen. Nur eine am Fuße des Turms neben dem Eingang befindliche Glasabdeckung lässt die alte Konstruktion erahnen. Der Blick fällt hier auf ein gemauertes Tonnengewölbe, das zu einem großen »Fuchs« gehört: So bezeichneten die Kraftwerkskonstrukteure einst ein unterirdisches Labyrinth für den Weg der Abgase von den Brennkammern zum Schornstein.

Bis zur Rekonstruktion des Turms vor wenigen Jahren war der Keller, der zu den größten seiner Art in ganz Berlin gehört, völlig vermüllt. Tonnenweise Schutt und Abfälle aller Art

Äußerlich erinnert nichts mehr an die ursprüngliche Bestimmung als Schornstein.

wurden aus seinen Gängen geholt. Diese gehören heute aber nicht zum Programm der offiziellen Führungen, sondern sind nur nach Anfrage beim Siemens Technopark zu besichtigen. Dahinter verbirgt sich eine Ansiedlung von rund 50 Firmen mit 5.000 Mitarbeitern, die die vom eigentlichen Siemenskonzern aufgegebenen Büroräume und Werkhallen zwischen Wernerwerkdamm und Wohlrabeallee nutzen. Das Pförtnerhaus besitzt keine Funktion mehr.

STECKBRIEF

Der Siemensturm, im Volksmund auch Uhrenturm genannt, gilt mit einer Höhe von 70,5 Metern als das Wahrzeichen der Siemensstadt. Kaum bekannt ist die Möglichkeit seiner Besteigung im Rahmen einer der regelmäßig stattfindenden Führungen. Sie ermöglicht nicht nur eine schöne Aussicht von der Plattform des Ende 1918 fertiggestellten Turms, sondern auch einen Blick auf die Rückseiten der vier großen Turmuhren. Ursprünglich diente der Turm als großer Schornstein für das 1960 geschlossene Kraftwerk. Im Zuge der Restaurierung erhielt die Schornsteinöffnung ein Dach.

Informationen
Der Siemensturm an der Wohlrabeallee kann im Rahmen einer Führung durch das Büro für Industriekultur besichtigt werden. Auskünfte unter Tel. 030/92 09 44 09, www.berlin-industriekultur.de

Anreise
Der Weg führt vom U-Bahnhof Rohrdamm auf dem Rohrdamm ein Stück nach Süden bis zum Abzweig der Wernerwerkstraße, die zum Siemens Technopark Berlin führt.

Einkehr
An der Ecke Nonnendammallee 80/Rohrdamm 24b befindet sich mit dem Lokal Stammhaus eines der ältesten Restaurants in Siemensstadt. »Seit 1910«, verkündet der Schriftzug über dem Eingang. Im Laufe der Zeit trug es die Namen »Hotel – Kasino – Siemensstadt«, »Kasino Siemensstadt« und »Hotel Casino«. Nach dem Ende des Zweiten Weltkrieges wurde das Restaurant mit einer kleinen Außenterrasse zum »Stammhaus«.

Erlebnismöglichkeiten
Hinter der ehemaligen Siemens-Hauptverwaltung in der Nonnendammallee beginnt in Richtung Norden die Siemens-Gartenstadtsiedlung am Rande der Jungfernheide. Besonders sehenswert ist das nach einem Entwurf von Hans Scharoun gebaute Wohnhaus in Form eines Panzerkreuzers.

→ **Extra-Tipp**

Im Eingangsbereich der früheren Siemenshauptverwaltung steht das Modell eines Pkw der Marke »Protos«, die einst von Siemens produziert worden war. Es handelt sich um ein Elektroautomobil aus dem Jahre 1904.

Auf der Wendeltreppe zu den Uhren

Der Keller interessiert die meisten Neugierigen ohnehin wenig. Sie wollen hoch hinaus, auf die Aussichtsplattform des Siemensturms. Der erste Teil des Aufstiegs kann bis zur 7. Etage sogar ganz bequem im Fahrstuhl zurückgelegt werden. Von diesem Zwischengeschoss geht es dann nur noch mit Muskelkraft weiter. 198 Stufen folgen, wobei der letzte Teil eine gewisse Schwindelfreiheit verlangt. Die schmale Wendeltreppe ist für einige Besucher doch etwas gewöhnungsbedürftig. Zwischendurch gibt es mit der Uhrenetage aber eine gute Möglichkeit zum Verschnaufen.

Mit etwas Glück kann hier sogar ein Turmfalkenpaar beobachtet werden. Doch im Mittelpunkt stehen die vier Uhrenziffernblätter mit einem Durchmesser von 7,57 Metern, die von hier aus natürlich nur von der Rückseite aus zu sehen sind. Jede Minute springt der Elektromotor an, um den 2,25 Meter langen Stunden- und den 3,3 Meter langen Minutenzeiger ein kleines Stück zu bewegen.

Bald darauf ist der 60 Meter hohe Turmumgang erreicht. Hinter einer Tür beginnen nun die letzten Treppenstufen für den Weg auf die 10,5 Meter höhere Plattform, auf der dann endlich die Aussicht genossen werden kann. Der Blick geht weit über die Siemensstadt und den Flughafen Tegel hinaus. Alle markanten Bauten Berlins sind von hier aus zu entdecken, vom Potsdamer Platz bis zur Friedrichstraße, dem Kraftwerk Reuter, dem einstigen Spionagezentrum auf dem Teufelsberg bis zum Funkturm oder den Großsiedlungen an den Stadträndern. Auch die Dimensionen der Siemenswerke mit der ehemaligen Hauptverwaltung in der Nonnendammallee und der stillgelegten Siemensbahn werden aus der Vogelperspektive erst so richtig deutlich.

Regierungskrankenhaus in Buch

Höchstes medizinisches Niveau hinter streng
bewachten Zäunen

Der Blick durchs Fenster des früheren Pförtnerhauses fällt auf
einen großen Wandkalender, dessen Datums-Schieber schon
lange niemand mehr bewegt hat. Am 25. Juni 2007 dürften
hier die Wachschutzleute ausgezogen sein, wie dem Kalen-
der zu entnehmen ist. Mitgenommen haben sie nur wenig.
Schreib- und Ablagetische stehen genau wie Schränke und
Stühle noch an Ort und Stelle. Nur die Grünpflanze fehlt im
großen Blumentopf. Auf allen Oberflächen liegt eine mehr oder
minder starke Staubschicht, die angesichts des langen Leerstan-
des nicht verwundert. Nichts deutet hier auf die Funktion des
großzügigen Wachgebäudes hin. Erst ein graues Schild hinter
der irgendwann um kurz vor halb zehn stehen gebliebenen Uhr
gegenüber des Pförtnerfensters bestätigt die Vermutung, hier
das ehemalige Regierungskrankenhaus der DDR am nordöstlichen Berliner Stadtrand gefunden zu haben. »Rettungsstelle«
lautet die deutlich lesbare Aufschrift des Schildes, das eindeutig
aus der Zeit nach der Wende stammt. Ein Tippgeber hatte den
Ort nur vage mit »nahe am S-Bahnhof Buch« beschrieben. Die
etwas längere Suche war also erfolgreich gewesen.
   Die Zeugnisse der DDR-Vergangenheit sind schon beim
Blick vom verschlossenen Tor nach beiden Seiten unverkennbar: So einen massiven und hohen Metallzaun braucht kein
normales Krankenhaus. Dahinter stehen in regelmäßigen
Abständen Stromkästen, die offenbar zu einem elektrischen
Signalzaun gehörten. Niemand sollte unentdeckt auf das Gelände gelangen und die erkrankten Mitglieder der Partei- und
Staatsführung und des Ministerrats, die Staatssekretäre und
sonstige wichtige Personen sowie Diplomaten und ausländische Gäste gefährden. Deshalb stehen auch entlang des Zau-
nes bis heute recht massive Wachhäuser. Die meisten sind aus
Beton und besitzen kleine Fenster. Einige dienten aber auch
als Kontrollzugänge und bestehen aus viel Glas für den Rund-
umblick. Die Wachsoldaten kamen vom Wachregiment »Feliks
Dzierzinsky«, das direkt dem Ministerium für Staatssicherheit

Ungenutzt und ohne Perspektive dämmert das frühere Regierungskrankenhaus vor sich hin.

unterstand. Für die höhergestellten Stasi-Mitarbeiter existierte auf dem Gelände in Buch sogar ein eigenes Krankenhaus, woraus sich vielleicht ebenfalls die einst strenge Bewachung des Areals erklärt. In einem Kontrollhaus am Zaun zwischen der Hobrechtsfelder Chaussee und der Straße Am Sandhaus liegen unter dem mutwillig zerstörten Inventar noch diverse Papiere aus längst vergangenen Zeiten.

Auf dieser Seite weist der Zaun mehrere große Lücken auf. Die Klinikgebäude sind zwar auch von außerhalb zu erkennen. Doch friedliebende Neugierige, die weder Zerstörungen noch Einbrüche planen, dürfen gewiss einen Ausflug auf das 23.000 Quadratmeter große Areal wagen. Dafür empfiehlt sich sogar die Mitnahme des Fahrrades, um auf dem Gelände schneller voranzukommen. Alle Wege sind jedenfalls noch gut in Schuss und nirgendwo lauern Fallen oder Löcher.

Entbindungsstation für die Staatsspitze

Mit jedem Meter wird deutlich, warum sich in der Wendezeit so viele Gerüchte um den 1976 in Betrieb genommenen Komplex rankten. Damals öffneten sich im Herbst 1989 genau wie

STECKBRIEF

Das Regierungskrankenhaus der DDR bestand von 1976 bis 1990 am nordöstlichen Stadtrand in Berlin-Buch. Hier wurden nur die Nomenklaturkader sowie Diplomaten und Funktionäre aus »befreundeten Ländern« behandelt. Das Gelände war durch das Stasi-Regiment »Feliks Dzierzinsky« streng bewacht. Auch die 58 Ärzte, die Pflegekräfte und alle sonstigen Beschäftigten erhielten für den Zutritt spezielle Ausweise. 1990 wurde es dem städtischen Klinikum Berlin-Buch angegliedert und für jedermann geöffnet. 2001 kauften es die Helios-Kliniken, die 2007 einen neuen Krankenhauskomplex an einem anderen Standort in Buch eröffneten. Seit dieser Zeit steht das Gelände leer, für das kein Denkmalschutz besteht. Der Liegenschaftsfonds Berlin suchte bislang vergeblich nach einem Interessenten.

Anreise
Das ehemalige Regierungskrankenhaus befindet sich an der Hobrechtsfelder Chaussee/Ecke Wiltbergstraße. Der Fußweg vom S-Bahnhof Buch dauert nur 15 Minuten. Eine Abkürzung bietet die Straße Am Sandhaus, die hinter dem S-Bahnhof nach links von der Wiltbergstraße abzweigt. Auf dieser Seite weist der Zaun auch viele große Löcher auf. Links befindet sich das früher streng bewachte Pharmazentrum, landläufig als »Apotheke« bezeichnet.

Erlebnismöglichkeiten
Radfahrer und Wanderer können den Ausflug nach Buch mit einem Abstecher in das nahe Erholungsgebiet Hobrechtsfelde verbinden. Der Weg zweigt von der Wiltbergstraße ab. Die ehemaligen Rieselfelder werden von zahlreichen Wegen durchzogen, zwischen denen Wildpferde und Wildrinder grasen.

→ Extra-Tipp
Auf der anderen Seite der Wiltbergstraße, rund 300 Meter vom S-Bahnhof Buch entfernt, befindet sich der Eingang zum »Ludwig-Hoffmann-Quartier«. Es besteht aus 29 über 100 Jahren alten und heute denkmalgeschützten Häusern der einstigen Krankenhausanlage. Zusammen mit mehreren

Neubauten sollen hier einmal 500 Wohnungen zur Verfügung stehen. Spaziergänger entdecken sowohl an den sanierten als auch unsanierten Gebäuden viele Details einer interessanten Krankenhausarchitektur.

in der Politbürosiedlung in Wandlitz oder in den Staatsjagdgebieten erstmals auch die Tore zum Regierungskrankenhaus für die Allgemeinheit. Dabei zeigten sich die gewaltigen Unterschiede in der medizinischen Betreuung im Vergleich zu Kliniken für die »normale Bevölkerung«. Die Ausstattung der Zimmer mit Fernseher und Telefon wurde als luxuriös beschrieben, in den Medikamentenschränken standen zahlreiche Arzneien westlicher Hersteller und auch bei den Behandlungen konnten die 58 Ärzte und 115 Schwestern auf die beste Technik der Welt zurückgreifen. Sogar eine Entbindungsstation stand zur Verfügung, auch wenn diese schon nach vier Jahren mangels Nachfrage geschlossen wurde.

Im Januar 1990 empfing das Regierungskrankenhaus mit seinen 85 Betten erstmals »Werktätige des VEB Berlin-Kosmetik«, wie es in den Zeitungen damals hieß. Für das Haus begann eine Phase der Ungewissheit, in der sich viele der ehemals überdurchschnittlich bezahlten Ärzte eine neue Stelle suchten.

Die Volkskammer der DDR beendete im Frühjahr 1990 die einstige Exklusivität des Areals, in dem sie es dem städtischen Klinikum Berlin-Buch anschließen ließ. 17 Jahre lang sollten hier noch Patienten betreut werden, ehe auf der anderen Seite des S-Bahnhofes ein neues Klinikum eröffnet wurde. Seit dieser Zeit sucht der Liegenschaftsfonds Berlin nach einem Kaufinteressenten.

Ein recht geheimnisvoll anmutender Plattenbau steht noch außerhalb des Krankenhausgeländes an der Straße Am Sandhaus. Bis heute tragen die Zäune Reste von Signaldrähten. Hier arbeitete das »Zentrum für Pharmazie«, wo die teuren und kostbaren Medikamente für das Regierungskrankenhaus aufbewahrt oder angerichtet wurden. Sogar ein Bunker befindet sich noch auf dem heute von mehreren Firmen genutzten Gelände. Die Planer des Regierungskrankenhauses hatten eben alles gedacht.

Ehemalige Sperrzone am Majakowskiring

Die einst von Pieck, Ulbricht oder Grotewohl bewohnten Villen erzählen vom »Städtchen« in »Pankoff«

Vielleicht hatte Wilhelm Pieck irgendwann Mitleid mit den Wachposten vor seiner Villa. Die standen schließlich bei Tag und Nacht und bei jedem Wind und Wetter ungeschützt auf der Straße, konkret im einstigen Sperrgebiet für die DDR-Staatsführung im Pankower Ortsteil Niederschönhausen. In dem Haus im Majakowskiring 29, auf alten Stadtplänen als Viktoriastraße 12/13 verzeichnet, wohnte zwischen 1945 und 1960 der erste und einzige DDR-Präsident. Im sogenannten Städtchen (auf Russisch »Gorodok«), wie die Rote Armee das von ihr am 9. August und damit wenige Monate nach dem Kriegsende beschlagnahmte Villenviertel östlich der Grabbeallee nannte, sind neben sowjetischen Offizieren fast alle Minister und obersten Parteifunktionäre untergebracht gewesen. Zur streng bewachten Mauer und Stacheldrahtbarriere kamen Posten vor den wichtigsten Politikeradressen. Daran erinnert heute nur noch jener versteckte Wachpostenunterstand hinter der rechten Eingangspforte vor der Pieck-Villa. Sogar das kleine Fenster in der Tür, durch das die Wachleute den angemeldeten Besuch in Augenschein nehmen konnten, hat die bewegten Zeiten überstanden.

Eine dunkle Tafel an der Hauswand liefert die Bestätigung, hier tatsächlich vor der Pieck-Villa zu stehen. Sie gleicht jenen Metallplatten mit den Namen von Otto Grotewohl, Johannes R. Becher und Hans Fallada, die im Majakowskiring und im angrenzenden Rudolf-Ditzen-Weg an die einstigen Bewohner der Häuser erinnern. Angesichts der turbulenten Zeit nach der Wende 1989/90, in der die Namen von Pieck und Grotewohl von fast allen Schildern an Straßen, Schulwänden, Betriebseingängen oder Ferienanlagen mitunter über Nacht verschwanden, ist diese Entdeckung für viele Spaziergänger schon überraschend. Der Denkmalschutz bewahrt hier ein Stück Geschichte vor dem Vergessen. Die meisten anderen Häuser

Gut bewacht wohnte in dieser Villa Wilhelm Pieck, der einzige Präsident der DDR.

in der Nachbarschaft sind längst auch äußerlich modernisiert oder erst in den vergangenen Jahren gebaut worden.

Doch auch die früheren Politiker- und Gästehäuser befinden sich wieder in Privateigentum und sind bewohnt. Die Gedenkstätten und Ausstellungen für Pieck und Becher sind verschwunden, genau wie die Zäune, Absperrungen und Tore. Lediglich im nahen Schlosspark Pankow hat sich in der Nähe des ungewöhnlichen Schlosses Schönhausen ein längeres Stück der einstigen Schutzmauer erhalten. Die Torhäuser an der Zufahrt zum Schloss am Ende der Ossietzkystraße geben mit einer sehenswerten Fotoausstellung auch Einblicke in das Leben im »Städtchen«, das nicht zuletzt durch den Bundeskanzler Konrad Adenauer in die Geschichte einging. Er prägte in den 1950er-Jahren den Begriff von den »Herren in Pankoff« (für Pankow), um damit die ungeliebte Bezeichnung »DDR« zu umgehen.

Ulbrichts Haus nach dem Tod abgerissen

Man entdeckt auf den Fotos bekannte Namen und Gesichter von Personen, die im Majakowskiring lebten. Die Hausnummer 34 gehörte Johannes R. Becher, die 46/48 Otto Grotewohl, die

Wachposten an der Ossietzkystraße sicherten bis 1990 die Zufahrt zum Schloss Schönhausen.

58 Erich Honecker und die 59 Hilde Benjamin (die spätere Justizministerin). Stasi-Chef Erich Mielke erhielt die Stille Straße 10 und Markus Wolf den Rudolf-Ditzen-Weg 18/20. Lediglich der Name Ulbricht stiftet etwas Verwirrung. Auf den heute kursierenden Adressenlisten taucht nur Lotte Ulbricht mit der Adresse Majakowskiring 12 auf. Hier wohnte die Frau von Walter Ulbricht nach dem Tod ihres Mannes zwischen 1973 und 2002. In das gemeinsame Haus im Majakowskiring 28/30 konnte sie nie zurückkehren, da es abgerissen worden war. Eine offizielle Begründung für diesen bemerkenswerten Akt lässt sich nicht mehr finden. Aber Ulbrichts Nachfolger Honecker dürfte kein Interesse an einer Erinnerungsstätte für den in Ungnade gefallenen Politiker gehegt und daher die Abrissbagger in Marsch gesetzt haben.

Die Geschichte sollte sich später sogar wiederholen. Denn auch dem gemeinsamen Domizil von Margit und Erich Honecker im Rudolf-Ditzen-Weg 14 erging es nach der Wende nicht anders: Es wurde dem Erdboden gleichgemacht.

Honeckers Nachfolger Egon Krenz wohnte ab Anfang des Jahres 1990 ebenfalls im Viertel rund um den Majakowskiring. Er bezog einen Flachbau im Rudolf-Ditzen-Weg 9. Ein Prozess um den rechtmäßigen Erwerb dieses Hauses ging 2003 zu seinen Ungunsten aus, woraufhin er nach Ahrenshoop an der Ostsee zog.

Hinweistafeln wie hier auf Hans Fallada weisen den Weg im früheren Prominentenwohnviertel.

Damit endete die Ära Niederschönhausens als Wohngebiet der DDR-Machthaber zum zweiten Mal, nun aber für alle Zeiten. Schon 1960 waren die meisten Bewohner des Majakowskirings vor die nördliche Berliner Stadtgrenze gezogen. Zwischen Bernau und Wandlitz stand für sie eine durch mehrere Mauern gesicherte Siedlung aus Ein- und Zweifamilienhäusern, einem Schwimmbad, einem Funktionärsclub und diversen anderen Gebäuden zur Verfügung. In die frei gewordenen Häuser in Niederschönhausen zogen Minister und Staatssekretäre, und nach dem Wegfall der Sperren 1973 entstanden in dem Karree mehrere Botschaftsresidenzen.

Das internationale Flair beschränkte sich nicht nur auf die Botschaften. Das Schloss Schönhausen, das in den 1930er-Jahren in »Niederschönhausen« umgetauft worden war, blieb nach dem Tod von Pieck Gästehaus der DDR-Regierung. Hier übernachteten unter anderem Indira Gandhi, Fidel Castro, Ho Chi Minh und zuletzt auch Michail Gorbatschow. Mit dem »Runden Tisch« nach der Wende und den »Zwei plus vier«-Gesprächen zwischen den Außenministern der USA, Großbritanniens, Frankreichs und Russlands sowie der BRD und der DDR über die Vollendung der deutschen Einheit wurde auf dem Areal sogar Weltgeschichte geschrieben.

STECKBRIEF

Nach dem Kriegsende beschlagnahmte die Sowjetische Militäradministration die Villen am Majakowskiring in Niederschönhausen, der bis 1950 Kronprinzenstraße und Viktoriastraße hieß. Hier zogen hohe Militärs und gleich nach ihnen die aus dem Moskauer Exil anreisenden kommunistischen Führer um Pieck und Ulbricht ein. Während die sowjetischen Offiziere auszogen, blieb das abgesperrte und streng bewachte Gelände bis 1960 Wohnsitz der Partei- und Staatsführung, bevor diese in die Waldsiedlung Wandlitz übersiedelte. Die Absperrungen fielen erst 1973, nach dem Tod von Ulbricht. Heute stehen die von Pieck, Grotewohl, Becher und Fallada bewohnten Häuser unter Denkmalschutz. Sie wurden den Erben der Alteigentümer zurückgegeben.

Informationen
In den Torhäusern am Ende der Ossietzkystraße wird eine Ausstellung über die Geschichte des Viertels am Majakowskiring und das Schloss Schönhausen vor und nach der Wende gezeigt. Auskünfte zu den Öffnungszeiten können unter Tel. 030/902 95 39 17 erfragt werden. Weitere Angaben unter www.pankower-machthaber.de

Anreise
Der Majakowskiring zweigt von der Grabbeallee (B 96) in der Nähe des Pankower Rathauses ab. Er stößt im Osten auf die Ossietzkystraße, die zum Schloss Schönhausen führt. Vom S- und U-Bahnhof Pankow dauert der Fußweg auf der Berliner Straße und der Breiten Straße bis zur Ossietzkystraße rund 10 Minuten.

Einkehr
Nach der überraschenden Schließung des Gasthauses Majakowski Anfang 2014 fehlt es an einer Einkehrmöglichkeit in der Umgebung. In der etwas weiter entfernten Tschaikowskistraße 30/Ecke Grabbeallee bietet das Lokal Tschaikowski gutbürgerliche Küche an.

Erlebnismöglichkeiten

Ein Ausflug zum Majakowskiring kann mit einem Spaziergang durch den weitläufigen Schlosspark Pankow und natürlich mit einem Besuch des restaurierten Schlosses Schönhausen verbunden werden. Die Ausstellungen erinnern an die bewegte Geschichte des Gebäudes, das Friedrich II. 1740 seiner Gemahlin Elisabeth Christine geschenkt hatte. Die Nationalsozialisten nutzten das Haus als Depot für »entartete Kunst«, während es nach dem Krieg als Offizierskasino, sowjetische Schule und Internat diente. Nach Gründung der DDR wurde es zum Amtssitz des ersten Präsidenten Wilhelm Pieck. Dessen Arbeitszimmer kann heute besichtigt werden.

→ Extra-Tipp

Vom S- und U-Bahnhof Pankow fährt die Straßenbahn M1 über die Grabbeallee (nahe Majakowskiring) zum Betriebshof Niederschönhausen an der Schillerstraße/Ecke Dietzgenstraße. Hier betreibt der Denkmalpflege-Verein Nahverkehr Berlin ein großes Depot mit historischen Straßenbahnen und Bussen. Regelmäßig finden Sonderfahrten statt. Führungen werden von Mai bis Oktober angeboten. (www.dvn-berlin.de)

Rundlokschuppen Heinersdorf

Eine Rarität des Eisenbahnwesens wartet auf ihre Zukunft

In der riesigen Halle muss es einst hoch hergegangen sein, große Dampflokomotiven machen schließlich viel Krach. In das wohlbekannte Zischen, Schnaufen und Dampfen mischten sich an diesem Ort aber noch andere Geräusche vom Hämmern, Schlagen, Bohren, Schweißen oder Fräsen. Bis zu 24 Lokomotiven konnten hier gewartet, repariert und für ihre Einsätze auf den Gleisen in ganz Deutschland und halb Europa vorbereitet werden. Der Rundlokschuppen in Pankow-Heinersdorf war damit im vergangenen Jahrhundert Teil eines florierenden Eisenbahnwesens, woran an diesem Ort heute nur noch die inzwischen wenig ansehnliche Halle gleich am S-Bahnhof erinnert. Der seit 1998 während Leerstand hat dem einstigen Prunkstück erheblich zugesetzt. Das Dach weist große Löcher auf. Im Innern der Halle haben Diebstähle und Vandalismus ihre Spuren hinterlassen. Selbst auf dem Außengelände sollte jeder Entdecker größte Vorsicht walten lassen, sind doch Gullydeckel und andere größere Verschlussplatten Dieben zum Opfer gefallen.

Wer über ins Nichts führende Gleise durch die Tür in den Lokschuppen gefunden hat, dürfte rundum ins Staunen geraten. So eine starke Wirkung von Weite und Großzügigkeit ist beim Blick von außen einfach nicht zu erahnen. Auch ist das Gebäude historisch wohl einmalig, handelt es sich doch um den letzten in Deutschland gebauten Rundlokschuppen. Auf die 1893 eröffnete Halle am Güterbahnhof Pankow-Heinersdorf folgten nur noch rechteckige und runde Schuppen, bei denen sich die Drehscheibe für die Loks außerhalb befand. Ein typisches Beispiel befindet sich am Bahnhof Wittenberge in der Prignitz, wo der Lokschuppen ein Dampflokmuseum beherbergt. Diese Lokschuppen ließen sich im Unterschied zu den Rundbauten viel leichter erweitern.

Es grenzt schon an ein kleines Wunder, dass in Berlin sogar noch ein zweiter Rundlokschuppen alle Stürme der Zeit überstanden hat. Dieses Exemplar steht auf dem Gelände des Betriebsbahnhofes Rummelsburg und hat genau wie jenes in

Die Lokhalle in Heinersdorf stellt eine Rarität im Berliner Eisenbahnwesen dar.

Pankow-Heinersdorf seine besten Jahre schon lange hinter sich. Öffentlich zugänglich ist es leider nicht, müssten doch dafür mehrere noch befahrene Gleise überschritten werden. So konzentriert sich das Interesse der Entdecker geheimer Orte also auf das eigentümliche Rundhaus ganz am Ende der Prenzlauer Promenade, die hier in die Autobahn A 114 nach Norden übergeht.

Gewaltige Stützen tragen das inzwischen an mehreren Stellen offene Dach. Unter der großen Kuppel befindet sich eine durchlaufende Fensterfront – deren Scheiben heute nicht mehr alle intakt sind –, die auf ein zweites Runddach aufsetzt. Viel Tageslicht sollte also in die Halle scheinen. Auf dem Boden liegen noch Gleise für die einstigen Dampfrösser. Kurze Treppen führen in schmale Gruben, aus denen die Reparaturtrupps die Loks von unten untersuchen konnten. Größere Betonflächen stammen aber mit Sicherheit nicht aus der Bauzeit am Ende des 19. Jahrhunderts. Sie dürften Ende der 1990er-Jahre zur Glättung des Untergrundes eingebracht worden sein, als der Lokschuppen plötzlich als Partyzone Furore machte. 1998 rockte hier beispielsweise die Band »Die Fantastischen Vier«, wobei sich die Konzertgäste schon während der Fahrt vom Zentrum nach »draußen« in eigens für sie reservierten S-Bahn-Wagen in Stimmung bringen konnten.

Wie eine Kathedrale wirkt der Lokschuppen, auch wenn die besten Tage schon lange zurückliegen.

Vielleicht eine Oper oder ein Gemüsemarkt

In dieser bewegten Zeit gingen sicher auch viele originale Eisenbahnutensilien vergangener Zeiten verloren, da von diesen heute kaum noch etwas zu finden ist. Zum Schutz vor Einbrechern erhielten die Fenster im unteren Bereich zwar Stahlabdeckungen, die aber offensichtlich nicht von guter Qualität waren. Außerdem zog sich die Deutsche Bahn AG im Jahre 2009 als Eigentümerin endgültig zurück, während der im Grundbuch verzeichnete Nachfolger seine Ideen nicht gleich umsetzen konnte.

Besagter Nachfolger ist der Möbelhändler Kurt Krieger, in Berlin vor allem durch die Möbelhäuser »Höffner« bekannt; er musste seine ambitionierten Pläne für den früheren Pankower Güterbahnhof immer wieder auf Eis legen. Erst 2014 gab der Senat grünes Licht für ein neues Stadtquartier »Pankower Tor« aus 750 Wohnungen, zwei Schulen, einem Verwaltungsgebäude und einem Einkaufszentrum mit dem Schwerpunkt Möbel. Deshalb hat auch die Restaurierung des Rundlokschuppens noch nicht begonnen. Kurt Krieger könnte sich hier eine Großdisko, eine Oper oder auch einen Gemüsemarkt vorstellen. Die anderen Gebäude in der Nachbarschaft müssten dafür abgerissen werden. Das würde dann ganz neue Perspektiven für den einzigartigen Rundlokschuppen eröffnen, der aber auch unter Verwaltung durch den Bezirk fallen könnte.

STECKBRIEF

Der Rundlokschuppen in Pankow-Heinersdorf wurde 1893 erbaut und bot Platz für bis zu 24 Dampflokomotiven, die auf einer in der Mitte befindlichen Drehscheibe im Gebäude verteilt werden konnten. Nach dem Ende der Dampflokzeit in den 1960er-Jahren erfolgten mehrere Umbauten, zumal auf dem Gelände auch Güter umgeschlagen wurden. Ein ähnliches Gebäude befindet sich noch in Berlin-Rummelsburg, das aber wegen des regulären Eisenbahnverkehrs nicht öffentlich zugänglich ist. Alle anderen Bauten dieses Typs wurden abgerissen. 2009 verkaufte die Deutsche Bahn AG das Gelände. Ein Investor will hier ein neues Stadtquartier bauen und den Lokschuppen zur Kulturstätte oder zum Gemüsemarkt umbauen.

Anreise

Auf dem S-Bahnhof Pankow-Heinersdorf nimmt man die Brücke bis zum Ausgang an der Prenzlauer Promenade, läuft nach links entlang der Prenzlauer Promenade bis zur Treppe und steigt in Richtung der Kleingartenanlage »Feuchter Winkel« abwärts. Gegenüber dem Hinweisschild auf die Anlage und die Gaststätte beginnt die Auffahrt direkt auf das Gelände des Lokschuppens. Autofahrer können von der Prenzlauer Promenade auf die Heimdallstraße und dann von ihr auf die erste Straße nach links abbiegen.

Erlebnismöglichkeiten

Unweit des S-Bahnhofs Pankow-Heinersdorf verläuft der Radfernweg Berlin-Usedom, der an dieser Stelle der Panke folgt. Die Karpfenteiche in Richtung Blankenburg eignen sich als schöner Rastplatz, wenn auch die nahe A 114 oft viel Lärm produziert. In der anderen Richtung führt der Radweg auf die Schlossallee und wenig später direkt in den Schlosspark Pankow mit dem Schloss Schönhausen.

→ Extra-Tipp

Ein historisch interessantes Gebäude befindet sich in der Pankstraße 8–12, wenige Minuten vom S-Bahnhof Blankenburg entfernt. Seit 1850 besteht hier eine Lederfabrik, die zu DDR-Zeiten den Namen »Solidarität« trug. 1992 endete die Produktion. Heute dient das Haus Künstlern als Atelierhaus.

Vergessene irakische Botschaft

Akten und Propaganda in der 1991 eilig verlassenen Residenz

»Es liegt röntgentechnologisch keine aktive Lungentuberkulose vor«, steht auf einem kleinen Zettel. Unter der Diagnose findet sich die Unterschrift von »Dr. med. P. Werner« nebst Stempel aus dem Röntgen- und Strahleninstitut Brand-Erbisdorf. Mit einer Büroklammer befestigt, hängt dieser ärztliche Bescheid am Visumantrag zur Einreise in den Irak, den einst ein Mann aus Burkersdorf in Sachsen gestellt hat. Dieser sollte auf Einladung des Verteidigungsministeriums bei der »Erstellung von Bauwerken« im Irak eingesetzt werden. Das auf dem Antrag aufgeklebte Passbild ist schon leicht vergilbt, was angesichts des Datums des Antrags nicht weiter verwundert: 27. April 1983.

Das Papier liegt in einem Stapel vieler anderer Visa-Papiere mit Passbildern, vollständigen Namen, Adressen und Religionsangehörigkeiten. Fast alle dieser Männer sollten sich mit Bauprojekten beschäftigen. Einige Spezialisten führte aber auch der »Service for W 50 trucks« in das arabische Land, wie den Anträgen zu entnehmen ist. Sie wurden dort mit der Aufgabe betraut, die »W 50« genannten Lkws, das waren robuste und vielseitig einsetzbare Fahrzeuge aus Ludwigsfelde, zu warten.

Die Visa-Anträge mit den »röntgentechnologischen« Attesten aus längst vergangenen Zeiten wären wohl nicht der Rede wert, könnte sie nicht jedermann ungehindert einsehen und sogar mitnehmen. Denn die persönlichen Akten liegen zusammen mit Unmengen an anderen Papieren und Dokumenten in Deutsch, Englisch und Arabisch in der früheren irakischen Botschaft in Pankow. Das aus standardisierten Betonplatten errichtete Gebäude im Ortsteil Niederschönhausen stammt aus dem Jahre 1974 und steht nunmehr seit 1991 leer. Immer wieder tauchen Fotoreportagen über die verwaiste Botschaft in internationalen Magazinen oder Videos im Internet auf. Selbst die »New York Times« veröffentlichte 2010 eine Reportage über die Zustände in der Tschaikowskistraße. Inzwischen hat vor allem die Natur das Haus, von dem es noch weitere

Äußerlich ist die Botschaft noch als typischer Residenzbau der 1970er-Jahre zu erkennen.

baugleiche Ableger für einstige Residenzen anderer Botschafter im Karree gibt, zu einem interessanten Ort gemacht. Ein Zugang durch den Garten ist durch das dichte Gestrüpp kaum noch möglich, aber auf der Straßenseite weist der Zaun viele Löcher auf, durch die man schlüpfen kann. Ein Betreten der teilweise mutwillig zerstörten und bei einem Brand vor einigen Jahren beschädigten Räume über eine zugegebenermaßen nicht ganz sichere Treppe erfolgt, wie stets, auf eigene Gefahr.

Im Innern der Botschaft präsentieren sich dem Besucher Glasscherben, umgestürzte Möbel, Berge von Büchern, amtlichen Dokumenten, besagten Visa-Anträgen und Propagandaschriften mit dem Konterfei des lange Zeit von den US-Truppen gesuchten und schließlich hingerichteten Staatschefs Saddam Hussein. Diverse Schreib- und Rechenmaschinen und Röhrenfernseher, die meisten tragen noch ein Firmenschild eines DDR-Produzenten, deuten auf eine auch technisch längst vergangene Zeit hin. Dazu tragen auch die vielen Ton- und Videobänder bei. Es scheint, als habe das irakische Botschaftspersonal die Residenz Hals über Kopf verlassen müssen.

Tatsächlich ließ sich hier seit Januar 1991 kein offizieller Beauftragter aus dem Land am Persischen Golf mehr blicken, was sicher an den ungewöhnlichen Umständen der Räumung des Hauses in dem ruhigen Villenviertel im Berliner Norden lag. Nach Berichten über die dortige Lagerung großer Mengen von Waffen

Der Inhalt der Schränke liegt auf dem Fußboden.

und Sprengstoffen und die Beherbergung sogenannter Terror-kommandos im Herbst 1990 stand die Botschaft unter Bewachung durch die Polizei. Bei Hausdurchsuchungen kamen dann auch wirklich Waffen zum Vorschein. Das Ansehen des Iraks hatte zu dieser Zeit international bereits gelitten, befand sich das Land doch im Krieg gegen die USA. Deshalb stieß der mehr oder weniger freiwillige Auszug der Botschaftsangehörigen auch nicht auf besonderes öffentliches Interesse oder gar Empörung.

Was mit der irakischen Botschaft geschehen wird, ist ungewiss, zumal die Rechtslage nicht eindeutig ist. Nach Recherchen bei diversen Behörden gehören das Grundstück und das Gebäude der Bundesrepublik Deutschland. Im Grundbuch steht aber ein »unbefristetes und unentgeltliches Nutzungsrecht an dem Grundstück« für die Republik Irak. Doch deren heutige Führung kümmert sich herzlich wenig um die Hinterlassenschaften im fernen Pankow, residiert die aktuelle Botschaft doch in der herrschaftlichen Villa des einstigen Textilfabrikanten Richard Semmler an der Pacelliallee im Ortsteil Dahlem.

Ein ganzes Botschaftsviertel verschwunden

So wird das Gebäude der ehemaligen irakischen Botschaft auch weiterhin von Neugierigen besucht werden können, und die Erinnerung an das Botschaftsviertel in Pankow bleibt lebendig.

STECKBRIEF

Die ehemalige irakische Botschaft in der Tschaikowskistraße wurde 1974 von einem deutsch-irakischen Architektenkollektiv unter der Leitung von Horst Bauer geplant. Teile der geklinkerten Außenfassade stammen aus den HB-Werkstätten für Keramik von Hedwig Bollhagen. In den Wirren der Wende und des militärischen Eingreifens der USA und anderer Staaten gegen das Regime von Saddam Hussein musste das Botschaftspersonal nicht zuletzt wegen des Vorwurfs der Beherbergung von Terroristenkommandos und der Lagerung von Waffen das Haus im Januar 1991 verlassen. Seit diesem Zeitpunkt liegt das Gelände brach. Die Republik Irak besitzt hier aber nach wie vor ein unbefristetes Nutzungsrecht.

Anreise
Die Tschaikowskistraße 17 in Pankow-Niederschönhausen ist leicht über die Grabbeallee und den Schlosspark Niederschönhausen zu erreichen.

Einkehr
In der Tschaikowskistraße/Ecke Grabbeallee befindet sich das Restaurant Tschaikowski mit Terrasse.

Erlebnismöglichkeiten
Der Abstecher zur ehemaligen irakischen Botschaft kann mit einem Besuch im Schloss Schönhausen im Schlosspark Pankow verbunden werden. Das ehemalige Gästehaus der DDR-Regierung zeigt unter anderem das original erhaltene Arbeitszimmer des ersten Präsidenten Wilhelm Pieck.

→ Extra-Tipp
In der Pestalozzistraße 5–6, die von der Tschaikowskistraße über die Grabbeallee und die Parkstraße zu erreichen ist, befindet sich ein größeres Gebäude, in dem die Zeit um 1989 weitgehend stehen geblieben zu sein scheint. Hier befand sich einst die Firma Intrac, die zum Imperium des Devisenbeschaffers Schalck-Golodkowski gehörte. Rund 200 Mitarbeiter waren in den Büros auf den langen Gängen mit

Ost-West-Geschäften in der Metall- und Chemiebranche und im Finanzsektor beschäftigt. Auch der Mülltransport aus dem Westen in die DDR wurde von den Beamten organisiert und abgerechnet. Heute nutzt unter anderem ein Reisebüro die einst repräsentativ gestalteten Räume im Erdgeschoss.

Im Karree rund um die irakische Botschaft befanden sich die Residenzen der Botschafter Frankreichs, Schwedens und Italiens. Alle Gebäude werden heute von Unternehmen genutzt. Insgesamt unterhielt die DDR 1989 zu weit über 100 Staaten in der Welt diplomatische Beziehungen. 83 Botschafter waren akkreditiert bzw. zweitakkreditiert, neben der Botschaft in Bonn. In Ostberlin befanden sich 77 Botschaften. Ein Großteil dieser Residenzen stand in Pankow-Niederschönhausen.

Zwischen Nordendstraße, Majakowskiring, Florastraße und Schönholzer Weg wurden rund 70 Objekte als Botschaftsgebäude, Residenzen, Wohnhäuser, Schulen oder Sportanlagen für Diplomaten genutzt. China, die Republiken Guinea und Mali zogen beispielsweise in Häuser in der Heinrich-Mann-Straße ein. Im Gebiet Kuckhoff-, Platanen-, Friesenstraße und Am Iderfenngraben befanden sich 20 diplomatische Objekte, darunter die Botschaften Marokkos, Nicaraguas, des Irans, der Philippinen und Pakistans. 1995 endete die Ära Pankow als Botschaftsgegend, die Gebäude wurden an Privatpersonen und Firmen verkauft. Nur die irakische Residenz steht noch immer vor einer ungewissen Zukunft.

Fahrzeugdepot der Parteiführung

Von einer geheimen Fahrbereitschaft
zum Kunstzentrum an der Herzbergstraße

Die Hinweise auf eine geheimnisvolle Vergangenheit des Ge-
ländes in der Mitte der Herzbergstraße sind nicht zu überse-
hen. Da steht an der Einfahrt ein großes Postenhaus für den
Wachschutz mit einer Schranke. Stacheldraht erschwert ein
Überklettern der Mauern. Ein Stahlgittermast für mehrere
Antennen überragt das Grundstück, auf dem sich unzählige
Garagen und Werkstätten aneinanderreihen. Dazu kommen
Bürogebäude mit einem großen Speisesaal, einer Einsatzzen-
trale und sogar einer Bar. Die Krönung aber ist eine separate
Tankstelle mit einer benachbarten Reparaturbühne für Autos.
   Das Geheimnis des Areals lässt sich allerdings beim Rundgang gar nicht so leicht lüften. Die in Zeitungen und auf In-
ternetseiten zu lesenden Bezeichnungen wie »Fahrbereitschaft
der DDR«, »Fahrbereitschaft des DDR-Ministerrats« oder »Garagen für Honeckers Westwagen« treffen nach längerer Recherche jedenfalls nicht zu. Das bekannte Kunstsammlerpaar
Barbara und Axel Haubrok als neuer Eigentümer besaß wohl
bei der Übernahme des 18.000 Quadratmeter großen Grund-
stücks Anfang 2013 nur wenige Informationen über die Geschichte und konnte noch keine exakten Angaben über die
Historie liefern. So schossen bei einigen Zeitungsredakteuren
die Fantasien ins Kraut. Dabei kamen die Begriffe »Fahrbereitschaft« und »DDR« der Wahrheit zwar schon recht nahe, aber
die bis heute erkennbare strenge Bewachung ließ doch einen
etwas anderen Nutzer vermuten.
   Wie Gespräche mit Zeitzeugen und früheren Nachbarn des
Areals ergaben, war in der Herzbergstraße 40–43 eine sonst
kaum bekannte »Abteilung Verkehr« des Zentralkomitees der
SED beheimatet. Zur Tarnung diente der Name »Deutscher
Kraftverkehr Grünau«. Über die genauen Aufgaben der hier
Beschäftigten gehen die Meinungen aber auseinander. Fest
steht nur, dass in den Garagen fast nur »Westwagen« standen. Ein nach der Wende 1990 auf dem Gelände gegründe-
tes Unternehmen konnte beispielsweise auf 20 Oberklasse-

Die geheime Partei-Organisation nutzte auf ihrem streng bewachten Gelände eine eigene Tankstelle.

Pkw der Marke Citroën, drei Volvo-Großkarossen, einen Mercedes-Bus und diverse andere Automobile zurückgreifen, die hier zurückgelassen worden waren. Die Fahrer kutschierten darin ganz unterschiedliche Personen. Dazu gehörten nicht nur die vielen Mitglieder des Zentralkomitees und deren ausländischen Gäste, sondern auch die Führungsclique der in der Bundesrepublik agierenden Deutschen Kommunistischen Partei und der Splittergruppe »Sozialistische Einheitspartei Westberlins«.

Versteckte Tore an der Grenze

Außerdem beförderten die handverlesenen und politisch als zuverlässig eingeschätzten Angestellten auch Außenhändler des Devisenbeschaffers Schalck-Golodkowski (Organisation »Kommerzielle Koordinierung«, abgekürzt »KoKo«, des Außenwirtschaftsministeriums) ins westliche Ausland. Einige Aufträge unterlagen sogar höchster Geheimhaltung. Ein Stichwort in den Gesprächen mit den Zeitzeugen lautete beispielsweise »Grenzschleusung«. Bestimmte Personen seien nicht nur über offizielle Übergänge von der DDR in die Bundesrepublik gebracht worden, sondern auch über versteckte Tore entlang der

Der Speisesaal trägt noch viele Spuren einer längst vergangenen Epoche.

»Grünen Grenze«. Diese waren natürlich nur einem ausgewählten Kreis bekannt und schlossen sich nach der Passage von Ost nach West wieder wie von Geisterhand.

Anlass für solche Geschichten aus dem großen Ostberliner »Fuhrpark-Bereich« bietet heute nur noch dieses Gelände an der Herzbergstraße. Denn fast alle anderen einst gut bewachten Garagen- und Werkstattkomplexe des Ministerrats und einzelner Ministerien sind aus dem Ostberliner Stadtgebiet verschwunden. Auf den meisten Flächen stehen heute Discounter, Supermärkte oder Tankstellen.

Dank des Engagements der Sammler Haubrok dürfte die historische Substanz an diesem Ort auf Dauer erhalten bleiben. Künstler schätzen schließlich die Atmosphäre in Bauten einer vergangenen Zeit. Atmosphärisch ist nicht zuletzt der große Speisesaal im originalen Ambiente der 1970er- und 1980er-Jahre. Hier fanden problemlos 100 Frauen und Männer gleichzeitig Platz, was auf den riesigen Personalstamm der »Abteilung Verkehr« schließen lässt. Für sie gab es sogar eine Sauna und eine Kegelbahn. Scherzhaft hat jemand an die Tafel für die Einsatzpläne und den Speiseplan »Honni lebt« geschrieben. Mit einem Schwamm wäre die Parole im Handumdrehen getilgt, während der PVC-Belag, der Ölsockel oder die Lampen über der Bar wohl noch Jahrzehnte überdauern werden.

STECKBRIEF

Die Herzbergstraße in Lichtenberg führt durch eine der ältesten Industriegebiete im östlichen Berlin. Anstelle des jetzt als »Kunstzentrum Fahrbereitschaft« bezeichneten Künstlerareals befand sich dort ab 1901 eine Spiritus- und Likörfabrik. Nach mehreren Veränderungen zog hier 1971 die streng bewachte Abteilung Verkehr des ZK der SED ein, die über mehrere Dutzend Autos westlichen Typs verfügte und bis 1989 zahlreiche konspirative Aufgaben zu erfüllen hatte. Seit Anfang 2013 gehört das Grundstück dem Sammlerehepaar Haubrok, das hier regelmäßig Ausstellungen veranstaltet.

Information
Viele Details zum Konzept sind unter
www.sammlung-haubrok.de zu finden.

Anreise
Die »Fahrbereitschaft« in der Herzbergstraße 40 – 43 ist mit den Straßenbahnlinien M8 (vom S-Bahnhof Landsberger Allee) und 21 (vom S-Bahnhof Lichtenberg) bis zur Haltestelle Herzbergstraße/Industriegebiet zu erreichen. Die Herzbergstraße zweigt vom Weißenseer Weg nach links ab.

→ Extra-Tipp
Genau gegenüber der »Fahrbereitschaft« befindet sich der Eingang zum größten asiatischen Einkaufszentrum Berlins. Das Dong-Xuan-Center entstand auf dem Gelände des VEB Elektrokohle Lichtenberg und bietet in sechs Hallen ein schier unüberschaubares Sortiment von Lebensmitteln, Bekleidung, Spielwaren, Elektroartikeln und vielen anderen Dingen, die von Händlern aus Vietnam, Pakistan, China, Russland und aus anderen Ländern angeboten werden. Darüber hinaus finden die Kunden eine Vielzahl von Friseurgeschäften und Restaurants.

Hochbunker Karlshorst

Ein steinerner Koloss erinnert an Schrecken
des Krieges und an »Klein-Moskau«

Der Schornstein hat kein einziges Mal geraucht. Er diente nur
als Attrappe, um den Bau aus der Luft und vielleicht auch aus
gewisser Entfernung als ganz normalen Wohnblock zu tarnen.
Die Täuschung funktionierte, denn sonst hätten die vier im
Berliner Stadtgebiet noch vorhandenen Hochbunker die Bombardements und die erbitterten Straßenkämpfe im Zweiten
Weltkrieg wohl kaum überstanden. Das erscheint gerade im
Lichtenberger Ortsteil Karlshorst durchaus bemerkenswert, befand sich doch in der Nachbarschaft eine Wehrmachtspionierschule und damit ein militärisches Ziel. Aber längst sind noch
nicht alle Geheimnisse des Krieges gelüftet. Möglicherweise
hatte die Rote Armee schon lange vor den entscheidenden
Kämpfen um die Hauptstadt festgelegt, wo sie sich nach dem
Sieg einquartieren würde. Karlshorst wurde tatsächlich zu ihrem Hauptquartier in Berlin.

Heute erinnern nur noch jener ominöse Hochbunker und
das im ehemaligen Kasino der Wehrmachtsschule unterge-
brachte Deutsch-Russische Museum mit dem originalen Ort
der bedingungslosen Kapitulation am 8. Mai beziehungsweise
nach russischer Zeit am 9. Mai 1945 an diese Epoche. Fast alle
anderen Bauwerke wie Kasernen, Übungs- und Sportplätze,
Reithalle, ein Güterbahnhof, ein Schwimmstadion und Garagen sind in den vergangenen Jahren abgerissen worden. Eine
Gartenstadt aus vorwiegend Ein- und Zweifamilienhäusern
hat dem rund zwei Kilometer hinter der großen Treskowallee
gelegenen Gelände inzwischen ein völlig neues Gesicht gegeben. Die alte »Festungspionierschule« der Wehrmacht wurde
zu Mietwohnungen umgewandelt und mit Balkonen versehen.

Nur der Hochbunker steht unter Denkmalschutz und weist
noch auf die schlimme Zeit im Krieg hin. Ein Betreten des drei-
geschossigen Bauwerks ist offiziell nicht möglich und auch
nicht zu empfehlen, auch wenn die instabilen Eingangstüren
vermutlich leicht passiert werden können. Mehrere Videos im
Internet zeigen schließlich lange Gänge mit auf beiden Seiten

**Bis zu 500 Personen sollten im Krieg in so einem Hochbunker
Schutz vor den Bomben finden.**

abgehenden Räumen, kaputte Treppen und gefährliche Löcher
im Beton. Doch auch von außen flößt das wuchtige und 35
Meter lange und 19 Meter breite Bauwerk Respekt ein. Die Typ-
bezeichnung »M 500« deutet auf die Zahl von bis zu 500 Menschen hin, die sich in dem Koloss vor den Bombenangriffen in
Sicherheit bringen konnten. Im Innern muss eine qualvolle Enge
geherrscht haben, aber die Angst vor Bombentreffern war nach
Zeitzeugenberichten so groß, dass bei Fliegeralarm oft viel mehr
als die zugelassenen 500 Personen in den Bunker drängten.

Beim Blick nach oben fallen die kunstvoll gearbeiteten
und verzierten Konsolen auf, die das Dach mit dem Schein-
schornstein tragen. Im September 1940, als Hitler nach den

ersten Bombenangriffen ein Programm zum Bau von Luftschutzbunkern und Luftabwehrstellungen anordnete, gab es
offenbar noch Zeit und Muße für solche architektonische Fein-
heiten. Ab 1941 entstanden dann an mehreren Berliner Orten
solche Hochbunker. Bis heute sind in Karlshorst die sechs Quadratmeter großen Kabinen im Innern erhalten, in denen je-
weils zwei dreistöckige Betten standen. Ein Vorraum auf allen
drei Etagen bot noch einmal 27 Personen Platz. Dazu kamen
Toiletten- und Waschräume, eine Notküche, ein Schutzraum
sowie ein Raum für die Wachgruppe und den Bunkerwart.

Über die Verwendung des Gebäudes durch die Rote Armee
oder durch den ebenfalls auf dem Karlshorster Gelände resi-
dierenden sowjetischen Geheimdienst KGB ist nichts bekannt
geworden. Fest steht nur, dass einige Wände nach dem Krieg
herausgerissen wurden.

»Karlowka« blieb abgesperrt bis 1994

Beim Spaziergang durch die Umgebung fällt die Vorstellung
nicht leicht, dass hier einmal »Klein-Moskau« gewesen sein
soll. Nichts erinnert mehr an die Zäune, Mauern und Postenhäuser, mit denen die sowjetischen Militärbehörden ihr

**Der Ort der Kapitulation 1945 ist heute ein Deutsch-Russisches
Museum.**

STECKBRIEF

Der Hochbunker in der Zwieseler Straße in Karlshorst befand sich in der Festungspionierschule der Wehrmacht und sollte bis zu 500 Menschen auf drei Etagen Schutz vor den Bomben und Granaten bieten.

Er entstand 1941 im Rahmen des von Hitler angeordneten »Führersofortprogramms« zum Bau von Luftschutzbunkern und Luftabwehrstellungen. In Berlin sind insgesamt noch vier dieser Bunker vom Typ M 500 erhalten. Bis 1994 gehörte das Bauwerk zur großen Garnison der Roten Armee und des sowjetischen Geheimdienstes. Heute sind die Gebäude in der Umgebung weitgehend abgerissen.

Anreise

Vom S-Bahnhof Karlshorst dauert der Fußweg über die Rheinstraße zur Zwieseler Straße rund 15 Minuten. Man kann den Schildern zum Deutsch-Russischen Museum folgen. Außerdem verkehrt die Buslinie 296 vom S-Bahnhof Karlshorst und von U-Bahnhof Tierpark zum Museumseingang. Von dort ist es auf der Zwieseler Straße nur ein kurzes Stück bis zum Hochbunker.

Einkehr

An der Treskowallee 68 gibt es die »Wernesgrüner Bierstuben« mit deftigen Speisen. Wer es lieber italienisch mag, sucht das Lokal in der Rheinstraße 1 auf.

Erlebnismöglichkeiten

Der Ausflug kann mit einem Besuch des Deutsch-Russischen Museums in der Zwieseler Straße 4 verbunden werden. Die Ausstellung im ehemaligen Offizierskasino der Wehrmachtspionierschule zeigt unter anderem die originalen Räume der Unterzeichnung der Kapitulation der Wehrmacht am 8. Mai 1945. Breiten Raum nimmt die Darstellung des Vernichtungskrieges gegen die Sowjetunion ein. Auf dem Freigelände stehen Fahrzeuge, die 1945 bei den Kampfhandlungen um Berlin zum Einsatz gekommen waren. Informationen unter www.museum-karlshorst.de

→ **Extra-Tipp**

Interessierte an Bunkerbauwerken finden in Berlin mehrere Besichtigungsmöglichkeiten. Der Verein »Berliner Unterwelten« bietet unter anderem Touren in den unterirdischen Teil des Flakturms im Volkspark Humboldthain an. Dieser Bunker war zwar nach dem Krieg gesprengt worden, aber Mitglieder des Vereins fanden begehbare Wege für Besucher. Weitere Informationen unter www.berliner-unterwelten.de

»Karlowka« genanntes Sperrgebiet abgeschirmt hatten. Vom schon erwähnten Offizierskasino aus bestimmte die Sowjetische Militäradministration (SMAD) bis zur Auflösung 1954 die Geschicke in Ostdeutschland und weit darüber hinaus. Das Oberkommando der sowjetischen Streitkräfte zog zwar in die riesige Militärstadt Wünsdorf und damit in die südliche Umgebung Berlins, in vielen Villen und Häusern des Ostberliner Ortsteils blieben aber hohe Militärs und der Geheimdienst weiter präsent.

Schon am 5. Mai 1945, und damit drei Tage vor der Kapitulation, setzte die Rote Armee die Räumung von Wohnungen und Häusern durch, in denen zuvor rund 26.000 Menschen gelebt hatten. Betroffen war das Gebiet nördlich der S-Bahnstrecke beiderseits der heutigen Treskowallee bis zur Ecke Waldowallee. Auch das »Rheinische Viertel« nordöstlich der S-Bahn gehörte fast vollständig zum Sperrgebiet, ebenso einige Häuser im Prinzenviertel. Im sowjetischen Machtbereich befanden sich sogar zwei Krankenhäuser und zwei Kirchen.

Im Dezember 1949 wurden einige Häuser und der S-Bahnhof Karlshorst wieder freigegeben, schrittweise erfolgte die Verkleinerung des Sperrkreises. Doch erst 1990 durften englische, amerikanische und französische Militärs, die Presse und andere Besucher das vorher hermetisch abgesperrte »Klein-Moskau« in Karlshorst betreten. Die Freigabe aller Straßenbereiche erfolgte in den folgenden Monaten und Jahren. Erst 1994 zog die letzte Einheit der Roten Armee endgültig in ihre Heimat ab.

Stasi-Sperrbezirk Hohenschönhausen

Perfekte Tarnung einer »Stadt in der Stadt« und eine geheime Tür im Chefzimmer

Die Stadtpläne waren für den Geheimdienst noch am unproblematischsten. Dem VEB Landkartenverlag und dem VEB Tourist Verlag wurde einfach die Anweisung gegeben, die betreffenden Flächen auf den Karten nicht zu kennzeichnen. So fehlte tatsächlich auf sämtlichen Stadt- und Buchplänen für »Berlin, Hauptstadt der DDR« jeglicher Hinweis auf die Stasi-Komplexe sowohl an der Normannenstraße/Frankfurter Allee als auch am Rande von Alt-Hohenschönhausen. In Hohenschönhausen verliefen die zu dem riesigen Sperrbezirk rund um den großen Stasi-Knast führenden Straßen laut Stadtplan einfach ins Nichts. Das betraf die Genslerstraße, die Lichtenauer Straße oder die Freienwalder Straße.

Doch damit gaben sich die Stasi-Strategen noch nicht zufrieden. Sie schafften es gerade in Hohenschönhausen, dank hoher Mauern, absoluter Verschwiegenheit der Beschäftigten, getarnter Gefangenentransporte und der als Sichtschutz an die Ränder gebauten Hochhäusern, ihr Treiben in diesem Areal der Großstadt weitgehend geheim zu halten. Die Bewohner dieser Plattenbauten, vor allem in den oberen Etagen mit Blick über das Gelände, stammten selbst aus den Reihen der rund 2.500 hier beschäftigten hauptamtlichen Stasi-Mitarbeiter.

Kaum ein Ostberliner oder Besucher aus der DDR wusste von dem Komplex und den teilweise dramatischen Vorgängen hinter den Absperrungen.

Wer sich heute an den einst geheimen Ort begibt, erkennt noch dank der Erklärtafeln mit historischen Fotos den Verlauf der Mauern und den Standort der Postenhäuser. Zusätzlich sicherten Überwachungskameras, Bewegungsmelder und Lichttrassen das Terrain. Das Gefängnis innerhalb der »Stadt in der Stadt« war überdies wie eine Festung mit hohen Mauern und Rundumblicktürmen, die auch entlang der Mauer und der grünen Grenze standen, geschützt.

Gründe für die Geheimniskrämerei in diesem abgeschotteten

Hohe Mauern und Wachtürme sicherten das Stasi-Gefängnis innerhalb des Sperrbezirks.

Gebiet gab es für die Stasi genügend. Denn hier inhaftierte sie nicht nur »Staatsfeinde«. Ihre Spezialisten forschten an immer neuen technischen Methoden, um den Westen auszuspionieren und ihm zu schaden. Wahre High-Tech-Schmieden, Labore, die Zentrale für den Kontakt zu den im Ausland arbeitenden Kundschaftern und andere geheime Abteilungen versteckten sich hinter den Hochhausmauern.

Ein Gebäude beherbergte dabei zwar alte, aber besonders brisante Akten. Gleich hinter dem Haupttor an der Freienwalder Straße machte die Stasi das ehemalige Verwaltungsgebäude der Maschinenfabrik Heike zum »Zentralen Geheimarchiv für personenbezogene Unterlagen aus der Zeit der nationalsozialistischen Diktatur«. Die 9.000 Meter langen Aktenreihen enthielten 1,3 Millionen Namen und stammten zum größten Teil von der Roten Armee, die das Material am Kriegsende erbeutet hatte. Gezielt suchten die Spezialisten aus der DDR nach bundesdeutschen Politikern, um sie mit ihrer Vergangenheit zu kompromittieren. Viele belastende Daten über Ostdeutsche kamen dagegen nicht ans Tageslicht.

Die Sekretärin tippt noch immer

Während diese Akten aber längst ausgelagert und an einen sicheren Ort verbracht worden sind, wartet in dem heute zur viel besuchten Gedenkstätte umgestalteten Stasi-Knast noch eine Besonderheit: Mit viel Aufwand wurde hier das große Dienstzimmer des langjährigen Chefs des Gefängnisses in Hohenschönhausen und aller anderen 16 Stasi-Haftanstalten rekonstruiert. Nun hängt an dem bräunlichen Tapetenmuster aus den 1970er-Jahren wieder das Porträt Erich Honeckers, der auf den breiten und braunpolierten Schreibtisch blickt. Daneben steht die Telefonanlage mit direktem Draht zu Stasi-Chef Erich Mielke. Mitten in der Schrankwand versteckt sich eine

Durch eine Geheimtür betrat der Chef des Gefängnisses den Monitorraum.

STECKBRIEF

Auf dem Gelände der ehemaligen Fleischmaschinenfabrik Heike in Hohenschönhausen richtete die sowjetische Besatzungsmacht nach Kriegsende ihr »Speziallager 3« für ehemalige Nazis und Sympathisanten des NS-Regimes ein, in dem allerdings auch viele Unschuldige inhaftiert wurden. Es wurde im Oktober 1947 geschlossen. Die Häftlinge kamen ins frühere KZ Sachsenhausen, während der sowjetische Geheimdienst KGB hier sein zentrales Untersuchungsgefängnis einrichtete. Im März 1951 wurde es vom Ministerium für Staatssicherheit übernommen und um einen großen Sperrbezirk mit vielen Stasi-Abteilungen erweitert. Dieser durfte von Außenstehenden nicht betreten werden und unterlag strengster Geheimhaltung. Seit 1994 besteht hier eine Gedenkstätte.

Information

Das ehemalige Gefängnis in der Genslerstraße 66 kann nur im Rahmen einer Führung besichtigt werden, die für Einzelbesucher mehrmals täglich stattfinden. Die Dauerausstellung mit dem restaurierten Zimmer des Gefängnisleiters ist jederzeit zugänglich, auch mit Audioguide. Informationen unter www.stiftung-hsh.de

Anreise

Von der S-Bahnstation Landsberger Allee mit der Straßenbahn M6 bis Genslerstraße (Allee-Center), vom Alexanderplatz (S und U) mit der Straßenbahn M5 bis Freienwalder Straße oder vom Bahnhof Lichtenberg mit dem Bus 256 bis zur Liebenwalder Straße. Autofahrer nehmen vom Alexanderplatz die Landsberger Allee und biegen dann nach links in die Liebenwalder Straße ein.

Erlebnismöglichkeiten

Der Rundgang durch das Gefängnis zeigt sowohl die Zellentrakte des sowjetischen Geheimdienstes als auch den Neubau mit den Haftzellen und Verhörräumen durch die Stasi. Die Führungen übernehmen meistens ehemalige Insassen der Haftanstalt. Auch Führungen durch das einstige Sperrgebiet und das Haftkrankenhaus sind möglich.

Einkehr

In einem Garagenkomplex des ehemaligen Gefängnisses besteht ein Imbissangebot. Davor befindet sich ein Buchladen mit Literatur über die DDR-Geschichte.

→ Extra-Tipp

Rund einen Kilometer vom Eingang der Gedenkstätte entfernt liegt das Villenviertel am Obersee, in dessen Häusern viele führende Stasi-Mitarbeiter und Parteifunktionäre wohnten. In der Oberseestraße 60 befindet sich das von Mies van der Rohe 1932 für den Fabrikanten Karl Lemke erbaute Haus, das heute als Ausstellungsgebäude dient. Es hat dienstags bis sonntags geöffnet. Die nächstgelegene Straßenbahnhaltestelle befindet sich in der Konrad-Wolf-Straße / Ecke Oberseestraße und wird von der Linie M5 bedient. Mehr Infos unter www.miesvanderrohehaus.de

Tür, die in einen geheimen Raum führt. Dieser besitzt nicht nur eine abhörsichere Telefonleitung, sondern eine ganze Anzahl von Monitoren, deren Bilder damals das Innere der Haftanstalt zeigten. Dabei ging es dem Oberst Siegfried Rataizick, der bis zur Wende hier das Kommando führte, nicht nur um die Beaufsichtigung der Gefangenen. Genauso intensiv überwachte er damit auch das eigene Personal, so groß waren das Misstrauen und der Drang, andere Personen, und seien es die eigenen Untergebenen, zu kontrollieren.

Der heute für alle Gedenkstättenbesucher mögliche Gang durch die Geheimtür findet in einer recht schauerlichen Atmosphäre statt: Aus dem Nebenzimmer des Chefs dringt das laute Klappern einer Schreibmaschine. Es gehört zur authentischen Inszenierung der vergangenen Zeit. Über einen Beamer kann jedermann die von der Sekretärin getippten Texte über »besondere Vorkommnisse« mitlesen. Lange war der Weg zurück an die frische Luft nicht so erleichternd und befreiend.

Zeugnisse der Teilung und der Mauer

Die Suche nach Resten der Berliner Mauer und authentischen Überbleibseln der 28-jährigen Teilung der Stadt erweist sich heute oft als schwierig und setzt mitunter detektivisches Gespür voraus. Viele ausländische Touristen, vor allem jene aus Übersee, sind über die kümmerlichen Zeugnisse der einstigen Sperranlagen enttäuscht. Doch in der Freude über den am 9. November 1989 eingeleiteten Mauerfall verschwanden fast alle Segmente der einst 155 Kilometer langen Mauer, von denen 43 Kilometer im Stadtgebiet verliefen. So zieht es die Geschichtsinteressierten heute vor allem zur Mauergedenkstätte an der Bernauer Straße, unweit des S-Bahnhofes Nordbahnhof gelegen.

Weitere Teilstücke stehen noch an der Niederkirchnerstraße auf dem Gelände des Dokumentationszentrums »Topographie des Terrors«, an der Stresemannstraße, auf dem Invalidenfriedhof in Mitte und am Griebnitzsee in Potsdam-Babelsberg. Dazu kommen einzelne Mauersegmente am Potsdamer Platz, an der Wilhelmstraße und an einigen weiteren markanten, aber nicht unbedingt originalen Orten zur Erinnerung an die Trennung der Stadt. Gleich 58 Mauerteile hat sich der Aktionskünstler Ben Wargin für sein »Parlament der Bäume« am

Der gut ausgeschilderte Mauerweg führt Radfahrer und Wanderer an manch verborgene Orte der Teilung.

28 Jahre lang bestimmte die Mauer wie hier an der Bernauer Straße das Stadtbild in Berlin.

Marie-Elisabeth-Lüders-Haus gesichert, das über den Schiff-bauerdamm zu erreichen ist. Bekannter ist die East Side Gallery in der Nähe der Oberbaumbrücke und des Ostbahnhofs. Dabei handelt es sich jedoch nur um eine sogenannte Hinterland-mauer. Auch der frühere Übergang Checkpoint Charlie an der Friedrichstraße gehört, dank des Nachbaus der Kontrollbara-cke und des Mauermuseums, zu den beliebtesten Touristenzie-len. Eine sehenswerte Ausstellung über den Alltag der Teilung ist im »Tränenpalast« am Bahnhof Friedrichstraße, Ausgang Reichstagufer zu sehen (täglich außer montags).

Erhalten geblieben sind auch einige der ursprünglich 302 Beobachtungstürme. Ein runder schlanker Typ mit Aussichts-kanzel steht noch in der Erna-Berger-Straße am Potsdamer Platz. Als Führungsstelle für mehrere Türme dienten die heu-te noch bestehenden Bauwerke im Schlesischen Busch in der Nähe des Treptower Parks (Ausstellungsraum), in der Kieler Straße / Ecke Scharnhorststraße (Ausstellung für das erste Maueropfer Günter Litfin) und am ehemaligen Grenzübergang Drewitz an der verlängerten A 115 (Geschichtsausstellung).

Es gibt aber auch Erinnerungsstücke an die Teilung abseits der bekannten Touristenwege. Deren Entdeckung besitzt einen besonderen Reiz, führt sie doch zu den originalen Orten des Mauerbaus oder zeigt, wie im Fall des Dachs der Grenzkontroll-stelle Bornholmer Straße, die Dimensionen der Überwachung.

STEGLITZ-ZEHLENDORF

Der 1969 aufgegebene Grenzkontrollpunkt Dreilinden

Die weiße Schrift wirkt auf dem schwarzen Asphalt wie ein-gemeißelt: Selbst nach mehr als vier Jahrzehnten sind die Aufschriften »Bus«, »LKW« und »PKW« ohne Probleme zu erkennen. Immerhin reihten sich hier bis zum Jahre 1969 die Fahrzeuge auf, um die Grenze zwischen Westberlin und der DDR zu passieren. Viel mehr erinnert aber nicht an den einstigen Kontrollpunkt Dreilinden mitten im Wald. Nur drei Fahnenstangen auf der ehemaligen Autobahnbrücke über den Teltowkanal verbreiten noch eine gewisse Nostalgie. An

Bis 1969 mussten sich hier Autofahrer vor der Grenzkontrolle aufreihen.

ihnen wehten einst die Flaggen der drei West-Alliierten, die hier die Kontrolle der Reisenden in der in den Osten hereinragenden Siedlung »Albrechts Teerofen« übernahmen. Auch die Zoll- und die Polizeiabfertigungsstellen von Westberlin hatten auf dem nur 150 Meter breiten Abschnitt ihren Sitz. Die US-Streitkräfte, die auf der Westseite das Sagen hatten, nannten den Kontrollpunkt Checkpoint Bravo.

Ausgerechnet zwischen diesem Checkpoint und der Grenze zu Westberlin am Zehlendorfer Kreuz verlief die 1921 eröffnete Avus (Automobil-Verkehrs- und Übungs-Straße) noch ein Stück über DDR-Territorium, was den Ostberliner Behörden ein Dorn im Auge war. Deshalb bauten sie ein neues Stück Autobahn, das heute hinter der langen Schallschutzwand verläuft und keinen Zickzackkurs mehr kennt. Gleichzeitig ging die neue Abfertigungsstation Drewitz/Dreilinden in Betrieb, durch die noch immer der Verkehr von und nach Berlin rollt – natürlich seit 1990 ohne jegliche Kontrolle.

Am alten Grenzkontrollpunkt im Wald stand ab 1955 auch das »Panzerehrenmal«, das erst zusammen mit der Eröffnung des neuen Grenzübergangs Dreilinden 1969 ein Stück nach Westen umzog. Ursprünglich hatte die Rote Armee den Panzer vom Typ »T 34«, der angeblich als erster am 24. April 1945 die Reichshauptstadt Berlin erreicht haben soll, auf der Potsdamer

Die ehemalige Raststätte Dreilinden gleicht nach langem Leerstand inzwischen einer Ruine.

Chaussee in Zehlendorf aufgestellt. Hier war das Denkmal aber oft beschmiert und beschädigt worden, sodass es an einen sicheren Platz verbracht wurde. Bei dem 1994 abgeschlossenen Abzug der russischen Soldaten in ihre Heimat gehörte der Panzer zu ihrer Fracht. An seiner Stelle steht jetzt auf dem Denkmalsockel an der A 115 eine rosa lackierte Schneefräse, die auf eine Idee des früheren Professors an der Hochschule der Künste, Eckhard Haisch, zurückgeht.

Die ehemalige Raststätte Dreilinden macht heute einen gruseligen Eindruck. Nichts erinnert mehr an den einst lebhaften Betrieb, als sich Reisende von und nach Westberlin hier einen Kaffee oder eine Stärkung gönnten. Im Jahre 2010 waren die Reste zusammen mit dem Grundstück des früheren Grenzübergangs an einen unbekannt gebliebenen Käufer veräußert worden, der bisher über seine Ziele schweigt. Der völlige Zusammenbruch der Gebäude scheint nur noch eine Frage der Zeit zu sein.

Denkmalschutz für diesen geschichtsträchtigen Platz, der bis 2007 noch als Campingplatz genutzt wurde, besteht jedenfalls nicht. Sonst wäre vielleicht ein Stück der alten Autobahn, auf der nach der Wende einige Actionfilme gedreht wurden, erhalten geblieben.

Informationen

Zwischen 1949 und 1969 führte der Verkehr am Ende der Avus im Südwesten Berlins über den Kontrollpunkt Dreilinden. Die DDR nutzte dafür die Fläche vor der Autobahnbrücke über den Teltowkanal. Daran erinnern noch die für PKW und LKW markierten Aufstellspuren. Die US-Armee und Westberliner Kontrollbehörden saßen im Gebäude Dreilinden auf der in das DDR-Gebiet hineinragende Exklave »Albrechts Teerofen«, einem Ortsteil von Wannsee. 1969 wurde die um einige Hundert Meter weiter nach Osten verlegte Autobahn mit einem neuen Grenzübergang Dreilinden (Westberlin) und der auf DDR-Gebiet gelegenen Übergangsstelle Drewitz (heute Europarc Dreilinden) in Betrieb genommen.

Der Mauerradweg führt vom Europarc Dreilinden (nahe am S-Bahnhof Wannsee) über den Königsweg am alten Kontrollpunkt Dreilinden vorbei. Außerdem kann der Bus 118 vom S-Bahnhof Wannsee in Richtung Potsdam bis zur Haltestelle Königsweg/Machnower Straße genutzt werden. Von dort sind es 10 Minuten zu Fuß über Machnower Straße und Kremnitzufer bis zum Alten Grenzübergang. Autofahrer nutzen die Ausfahrt Kleinmachnow von der A 115, steuern dann den Europarc an, rollen über den Kreisverkehr bis zum Teerofendamm. Von dort dauert der Fußweg bis zur alten Autobahnbrücke 5 bis 10 Minuten.

Reste der Friedhofsbahn am Königsweg

Dieses Wortspiel klappt nur im Südwesten Berlins: »Auf toten Gleisen in Richtung Friedhof«. Um zu erfahren, was sich dahinter verbirgt, braucht man sich als Radfahrer oder Wanderer nur auf den Königsweg im Forst Düppel, der bis an den Wannsee reicht, zu begeben. Fast auf halben Weg zwischen dem heutigen Gewerbegebiet Europarc Dreilinden und dem Teltowkanal stößt man dann auf eine Brücke über Reste einer S-Bahnstrecke. »Vorn saß die Trauergesellschaft und hinten standen die Särge«, hieß es in einer Beschreibung dieser Friedhofsbahn vor 100 Jahren, die die Strecke damals nutzte.

Da die kleine Böschung an der Brücke kein großes Hindernis darstellt, kann der Neugierige die toten Gleise ohne Probleme aus der Nähe betrachten. Bäume, Sträucher und Gestrüpp haben längst das Schotterbett, die früheren Stromschienen und den Bahndamm überwuchert. Ohnehin liegen Reste des Schienenstrangs nur noch unter der Brücke sowie einige Meter davor und dahinter. Als skurrile Filmkulisse oder als Ort für ungewöhnliche Fotoaufnahmen eignet sich der Platz aber allemal.

Die Geschichte dieser im Berliner S-Bahnnetz einmaligen Friedhofsbahn endete mit dem Mauerbau 1961. Nur die abgeschiedene Lage im früheren Grenzgebiet verhinderte bisher wohl eine vollständige Demontage der Reste. Eröffnet wurde

Direkt unter dem Königsweg verliefen die Gleise der Friedhofsbahn.

Hier fuhren einst die Züge zwischen Wannsee und dem Südwestkirchhof.

die 4,2 Kilometer lange Strecke zwischen Berlin-Wannsee, Dreilinden und dem Südwestkirchhof Stahnsdorf im Sommer 1913. Die Berliner Stadtsynode garantierte damit eine gute Erreichbarkeit des vor der südwestlichen Stadtgrenze angelegten Kirchhofs. 1928 folgte die Elektrifizierung der Strecke, sodass hier normale S-Bahnzüge verkehren konnten.

Die Zerstörung der Teltowkanalbrücke im Zweiten Weltkrieg führte zu einer Unterbrechung des Betriebs bis 1948. Überbleibsel der wieder aufgebauten Stahlkonstruktion über den Schifffahrtsweg waren noch bis 2014 erkennbar, bevor die Deutsche Bahn AG den Auftrag zum völligen Abriss erteilte. Die Sicherheit für den Schiffsverkehr sei durch das nicht zuletzt nach mehreren Bränden baufällig gewordene Bauwerk nicht mehr gewährleistet gewesen, hieß es zur Begründung des Abbaus.

Damit verschwand zugleich die letzte Hoffnung auf eine mögliche Wiederinbetriebnahme der am 13. August 1961 eingestellten Friedhofsbahn. Nach der Wiedervereinigung 1990 hatte die Evangelische Kirche mit Unterstützung der sich rasant entwickelnden Gemeinde Stahnsdorf vergeblich auf eine Reparatur der Strecke vor Gericht geklagt. Die Deutsche Bahn AG sah dafür jedoch weder Bedarf noch gab es das nötige Geld für diese Unternehmung.

So erinnern heute nur noch die toten Gleise unter der Königswegbrücke und der Name »Bahnhofstraße« vor dem

Haupteingang des Südwestkirchhofs Stahnsdorf an die einzigartige Friedhofsbahn.

Informationen

Die Friedhofsbahn verkehrte zwischen 1913 und 1961 vom Bahnhof Wannsee bis zum Südwestkirchhof Stahnsdorf. Zwischen
dem Ende des Zweiten Weltkrieges und 1948 war die Brücke
über den Teltowkanal zerstört. In der Nacht des Mauerbaus am
13. August 1961 verkehrte die letzte S-Bahn. Heute liegen lediglich noch unter der Brücke über dem Königsweg in der Nähe
des Europarcs Dreilinden Reste der einstigen S-Bahnstrecke.

Osdorf: Ein geschleifter Ort an der Grenze zu Lichterfelde-Süd

Es muss ein kleiner, aber wirtschaftlich erfolgreicher Ort vor der
südlichen Berliner Stadtgrenze gewesen sein. Die bis ins 14.
Jahrhundert zurückreichende Chronik spricht jedenfalls in den
1950er- und 1960er-Jahren von einer guten Entwicklung des
Ortes zu einem der »Hauptlieferanten von Fleisch und Milch«
für Berlin und Potsdam. Es gab eine Konsumverkaufsstelle und

**Große Steine erinnern an Grundmauern und Kellereingänge
von Osdorf**

Zeugnisse eines verschwundenen Dorfes: Eingewachsenes Zaunfeld und eine Pflasterstraße.

sogar einen Kindergarten in dem 1964 immerhin noch 506 Einwohner zählenden Osdorf. Doch spätestens der 13. August 1961 leitete das im Berliner Raum einzigartige Verschwinden eines ganzen Dorfes ein, das plötzlich im Schussfeld der Grenzsoldaten lag, die jede Flucht aus dem Osten nach Westberlin verhindern mussten. Wurden nach dem Mauerbau schon schrittweise die nach Ansicht der DDR-Behörden »unzuverlässigen Bewohner« in Gebiete weitab ihrer Heimat umgesiedelt, traf es ab 1968 auch alle verbliebenen Einwohner. Für sie entstanden im außerhalb der fünf Kilometer breiten Sperrzone gelegenen Heinersdorf mehrere Wohnblöcke, und schon zwei Jahre später wohnte niemand mehr in Osdorf.

Soldaten der Sowjetarmee übernahmen den Abriss sämtlicher Häuser bis auf die lange Scheune am Ortsrand, wobei die Ziegel, Mauerteile und Dächer fast aller Wohngebäude auf dem Übungsgelände am sowjetischen Hauptquartier im 50 Kilometer entfernten Wünsdorf Verwendung fanden. Wahrscheinlich baute die Armee aus den Resten dort einige Häuser wieder auf, um den Nahkampf zu trainieren.

Heute finden Besucher zwar nur noch wenige, aber dafür doch recht nachdenklich stimmende Spuren des alten Dorfes. Direkt vor der alten Scheune, die ein kleiner Agrarbetrieb heute als »Gut Osdorf« nutzt, steht seit 2003 ein Gedenkstein. »Das Dorf wurde in den 60er-Jahren dem DDR-Grenzbau geopfert und ab 1968 mit Ausnahme der Osdorfer Scheune komplett abgerissen«, heißt es in dem von ehemaligen Bewohnern formulierten Text.

Einige Meter hinter dem eingezäunten Gelände zweigt von der alten Pflasterstraße ein Weg in den einstigen Gutspark ab. Links und rechts des Weges liegen zahlreiche Baumaterialien, die trotz der Moosschicht noch als Mauerwerk eines Hauses zu erkennen sind. Dazwischen befindet sich der Eingang zu einem ehemaligen Luftschutzkeller, in dem sich heute Fledermäuse wohlfühlen. Auf der Grünanlage stehen auch noch einige Apfel- und Birnbäume, die ebenfalls von der Geschichte des Dorfes zeugen: An einer Stelle sind Metallzäune direkt in Baumrinden hineingewachsen.

Vom ehemaligen Grenzstreifen zwischen der Mauer am Rande von Lichterfelde und der zweiten Hinterlandmauer vor dem Patrouillenweg ist heute auf den ersten Blick nichts mehr zu entdecken. 1993 begann hier eine groß angelegte Aufforstung vor allem mit Traubeneichen und Winterlinden. Das Osdorfer Wäldchen, das nun wieder den Berliner Stadtgütern gehört, überdeckt alle Narben der Vergangenheit. Radfahrer und viele Menschen mit Hunden teilen sich den zum langen Mauerradweg gehörenden Asphaltstreifen, auf dem bis zum Herbst 1989 kein Fremder seines Lebens sicher sein konnte.

Informationen

Um Fluchtversuche aus der DDR nach Westberlin zu verhindern, erhielten die Grenzsoldaten überall freies Schussfeld. Dafür mussten vor allem nach dem Mauerbau im Jahre 1961 insgesamt 163 Wohnhäuser, 112 Lauben und 65 Bauernhöfe und andere Betriebe, die sich in der Nähe der Mauer befanden, von den Bewohnern und Eigentümern geräumt werden. Die meisten Gebäude wurden abgerissen. Dieses Schicksal traf an der Grenze zu Lichterfelde gleich das gesamte Osdorf, das, wie einige Dörfer an der innerdeutschen Grenze, geschleift wurde. Die Reste sind heute im Waldstück zwischen der Osdorfer Straße (in Lichterfelde) und der Marienfelder Allee (B 101) zu entdecken. Der freigeräumte Grenzstreifen lag südlich des Jenbacher Wegs, der Mauerradweg führt unmittelbar daran vorbei. Westlich der Osdorfer Straße auf Westberliner Gebiet hatten die amerikanischen Truppen eine »Geisterstadt« für den Nahkampf aufgebaut.

PANKOW

Ein Dach der Grenzkontrollstelle Bornholmer Straße versteckt auf einem Gewerbehof

»Das ist noch ein ostzonales Gerät. Kein Zweifel.« Der Mann aus dem Paketauto zeigt mit seinem Kopf in Richtung der großen Straßenlampe und fügt mit einer festen und lauten Stimme noch den Satz »Alles historisch hier!« hinterher. Dann widmet er sich wieder seinen Päckchen, die er zu Kunden im Gebäude auf der anderen Seite des Hofes trägt. Obwohl dieser Postbote erst rund 40 Jahre alt sein dürfte, kennt er sich mit dem überdimensioniert wirkenden Dach und den an ihm befestigten Lampen offensichtlich gut aus. »Das Ding stand doch an der Bornholmer Straße«, ruft er noch dem neugierigen Besucher im Gewerbehof in der Marienburger Straße mitten im Prenzlauer Berg zu.

Tatsächlich hat sich hier ein riesiges Überbleibsel der Teilung Berlins erhalten und zwar ausgerechnet von einem Ort, dessen Bilder am 9. November 1989 und danach um die Welt gingen. Am Grenzübergang Bornholmer Straße hatte sich eine halbe

Reste des berühmten Grenzübergangs Bornholmer Straße stehen auf einem Hinterhof.

**Selbst die großen Lampen der Übergangsstelle haben die Zeit
seit dem Mauerfall überstanden.**

Stunde vor Mitternacht erstmals ein Schlagbaum für Tausende DDR-Bürger in Richtung Westen geöffnet. Heute gibt es
auf dem Platz vor der Bösebrücke zwar mehrere Info-Tafeln
und einen Rest der Hinterlandmauer am Bahndamm. Aber das
größte Erinnerungsstück steht eben in diesem Gewerbehof. Es
handelt sich um das mehrfach geschwungene und bis heute
auf Stahlträgern sitzende Dach der Grenzkontrollstelle.

Diese befand sich ehemals auf dem heutigen Parkplatz des
Lidl-Marktes und konnte ausschließlich von westdeutschen
Bürgern zur Ein- und Ausreise nach und von Ostberlin genutzt
werden. Zahlreiche große Lampen leuchteten das Areal nachts
taghell aus, von denen noch sieben erhalten geblieben sind.
Nach dem Abbau sämtlicher Sperren und Kontrollbaracken

1990 und 1991 hatte zunächst niemand eine Verwendung für das 35 Meter lange Monstrum. Schließlich meldete die Bewag Interesse an, die zu dieser Zeit noch das Umspannwerk in der Marienburger Straße betrieb. Unter dem Dach sollten die Autos des unternehmensinternen Fuhrparks abgestellt werden.

Inzwischen sind in das längst abgeschaltete Umspannwerk kleine Firmen eingezogen. Das Dach von der Bornholmer Straße sollte schon mehrfach verkauft werden, doch es finden sich keine Interessenten. So bleibt es bis zur möglichen Verschrottung eines der größten Andenken an die Mauer in Berlin, wenn der Platz auch etwas versteckt liegt.

Informationen

Das Dach der ehemaligen Grenzkontrollstelle Bornholmer Straße zwischen Prenzlauer Berg und Wedding befindet sich im ersten Hof der Marienburger Straße 62, die von der Prenzlauer Allee abzweigt. Es dient heute als Unterstellmöglichkeit für Autos der Beschäftigten der Gewerbebetriebe. Die fünf Meter hohe und 35 Meter lange Konstruktion besteht aus zwölf gewölbten Kunststoffelementen, Stahlträgern und sieben Leuchten aus DDR-Produktion. Die Zukunft ist ungewiss, denn Denkmalschutz besteht nicht.

FRIEDRICHSHAIN-KREUZBERG

Ein wildes Baumhaus im Schatten der einstigen Mauer im Westen

Die kurioseste Erinnerung an die Teilung Berlins steht auf wackeligen Füßen. Ohne jeden Bauplan oder statische Berechnungen hat hier jemand etwas zusammengezimmert. Die Wände bestehen aus Teilen alter Schränke und Türen und dazwischengeschobenen Blechen, der Balkon wird von dünnen Stützen gehalten, die Brüstung besteht aus Lattenrosten und Gitterstäben eines Kinderbetts und das Dach wirkt krumm und schief. Und aus dem Inneren wachsen die Bäume nach draußen. Lediglich das Schild über der abgewetzten Tür macht einen frischen Eindruck: »Baumhaus an der Mauer«, steht da über einer Mobilfunknummer.

Das wilde Baumhaus entstand einst im »Niemandsland« hinter der Mauer in Kreuzberg.

Die Neugierde bleibt nicht lange ungestillt. Ein Spaziergänger bemerkt die fragenden Blicke und das leichte Kopfschütteln und überrascht gleich mit einem fremd klingenden Wort: »Gecekondu«. Das sei türkisch und beschreibe ein illegal gebautes Haus, wie es sie bis heute in den Großstädten Istanbul, Ankara oder Antalya gebe. Vor allem ländliche Familien fänden so eine Unterkunft. Den Einwand, sich hier mitten in Berlin zu befinden, quittiert er mit einem Lächeln.

»Na ja«, sagt der Mann lächelnd. »Das Haus ist in der Zeit nach dem Mauerbau entstanden, als es auch hier ziemlich chaotisch und wild zuging. Da hat der Mann eben zugeschlagen.« Doch von der Mauer ist hier am Bethaniendamm zwischen Mitte und Kreuzberg nichts mehr zu sehen. Und doch hätte es dieses merkwürdige Baumhaus ohne die einst schier unüberwindbaren Sperranlagen nicht gegeben, wie sich beim späteren Blick in die Archive herausstellen sollte.

Demnach kam im Jahre 1982 der damals 59-jährige türkische Einwanderer Osman Kalin auf die Idee, ein rund 350 Quadratmeter großes Grundstück auf der Westseite direkt an der Mauer vom Müll zu befreien und dort einen Gemüsegarten anzulegen. Er zog einen Zaun um seine Idylle und baute eine erste kleine Behausung. Wahrscheinlich hat der Familienvater gewusst, dass sein okkupiertes Grundstück eigentlich zum Osten gehörte, da die Mauer hier einen größeren Knick in Richtung Kreuzberg hätte machen müssen. Doch wie an anderen Stellen auch bevorzugten die Planer einen möglichst geraden Verlauf der Betonsperre, um sie besser überwachen zu können. Dafür »verschenkten« sie gern einige hundert Quadratmeter. Die für den Abschnitt zuständige DDR-Grenzkompanie erkundigte sich zwar bald nach dem ungewöhnlichen Treiben auf dem »östlichen Terrain«, aber sie ließen den Türken schließlich in Ruhe.

Nach dem Mauerfall ergriff Osman Kalin zusammen mit seinem Sohn Mehmed die Chance und stockte sein Häuschen auf. Inzwischen genießt es gewissermaßen Bestandsschutz. Doch wer das Grundstück genauer betrachtet, entdeckt an der östlichen Spitze ein neues Gartenhaus aus dem Baumarkt. Es gehört einem Landsmann von Kalin, mit dem er aber irgendwann in einen heftigen Streit geraten sein muss. Jedenfalls trennt ein Maschendrahtzaun jetzt die einstige wilde Idylle vor der Mauer in einen West- und einen Ostteil.

Informationen

Das »Baumhaus an der Mauer« steht auf der Verkehrsinsel am Bethaniendamm vor dem Mariannenplatz in Kreuzberg.

Besucher von Mitte und Friedrichshain kommend erreichen das Gebäude über die Schillingbrücke. Es gehört der

Im Laufe der Zeit erhielt das Baumhaus auf dem Grundstück einen moderneren Nachbarn.

türkischen Familie Kalin, die 1982 auf dem freien Grundstück vor der Westseite der Mauer, aber auf DDR-Gebiet, zunächst einen Gemüsegarten anlegte. Nach dem Fall der Mauer baute sie dann ein größeres Haus, das auch als Deutschlands einziges »Gecekondu« bezeichnet wird. So heißen in der Türkei über Nacht in Großstädten gebaute illegale Häuser.

MITTE

Mauer auf dem St. Hedwigsfriedhof an der Liesenstraße

Vielleicht liegt dieser Rest der Berliner Mauer einfach zu versteckt an der Grenze zwischen Mitte und Wedding. Die Liesenstraße gehört schließlich nicht zu den bekanntesten Adressen in der Großstadt. Deshalb muss hier das gut 15 Meter lange Originalstück der vorderen Grenzmauer auch nicht wie jene Exemplare in der Niederkirchnerstraße am Martin-Gropius-Bau eingezäunt oder in der Stresemannstraße am Potsdamer Platz gleich hinter Glas gesichert werden. Es ist für jedermann frei zugänglich, der es findet. Doch der Ausflug zum Areal zwischen den S-Bahnhöfen Humboldthain und Nordbahnhof lohnt sich. Denn hier zeigt sich auch ohne große Erklärtafeln, wie es sie etwa an der gar nicht weit entfernten

Ein originales Mauerstück an der Liesenstraße am Rande des Humboldthains.

Die »Hinterlandmauer« auf dem St. Hedwigsfriedhof wird langsam durchlässig.

Mauergedenkstätte an der Bernauer Straße gibt. die ganze Brutalität dieses Monstrums aus Beton. 28 Jahre lang teilte es nicht nur Straßen, Plätze, Wasserwege und Häuser, sondern hinterließ auch tiefe Spuren auf Friedhöfen.

An der Lesenstraße erhebt sich der einstige Betonriegel mit dem typischen halbrunden Überkletterschutz noch über der Friedhofsmauer. Sträucher und Gestrüpp verdecken den kalten Beton auf der Straßenseite zwar etwas, doch im Innern des Friedhofes kann jeder die gesamten Ausmaße der Mauerteile betrachten. Zwischendurch donnern in rascher Folge die S-Bahnen zwischen dem Zentrum und Pankow, Bernau, Oranienburg oder Hennigsdorf vorbei.

Niemand durfte nach dem 13. August 1961 mehr über die Eingänge in der Liesenstraße die Friedhöfe der St. Hedwigsgemeinde und der benachbarten Französischen Domgemeinde besuchen, sondern nur noch über ein streng bewachtes Tor in einer Wohnanlage in der Wöhlertstraße. Auf einem etwa 40 Meter breiten Streifen hinter der Mauer wurden sämtliche Gräber eingeebnet, um Platz für die umfangreichen Sperranlagen vor der Grenzmauer zu schaffen. Eine Gedenkplatte erinnert heute an die Namen der Betroffenen, die vor allem im Ersten und Zweiten Weltkrieg gestorben waren und auf dem Friedhof ihre letzte Ruhestätte gefunden hatten. Die

Eine Tafel erinnert an die durch den Mauerbau zerstörten Gräber.

Grabsteine verbauten die Grenzer teilweise für ihren Kolonnenweg entlang der Mauer.

Die Sperranlagen sind längst verschwunden. Lediglich ein kurzer Abschnitt der Hinterlandmauer mitten auf dem Friedhof erinnert an die 28 Jahre dauernde Absurdität. Heute kann man sich hier an seltenen Pflanzen, Heuschrecken und Faltern erfreuen, die in einer Großstadt eher Seltenheitswert besitzen.

Der Abstecher zur Mauer an der Liesenstraße kann mit einem Besuch des Grabs von Theodor Fontane verbunden werden. Die markierte Ruhestätte auf dem Kirchhof der französischen Gemeinde für den »wandernden Dichter der Mark Brandenburg« liegt 20 Meter von der Hinterlandmauer entfernt. Im Zweiten Weltkrieg ist sie aber erheblich beschädigt worden.

Informationen

Das rund 15 Meter lange Originalteil der vorderen Grenzmauer befindet sich an der Liesenstraße am nördlichen Ende des Kirchhofs der St. Hedwigsgemeinde. Die nächstgelegene S-Bahnstation ist Humboldthain (S1, S2, S25). Auf dem weitläufigen Gelände von insgesamt vier Friedhöfen hat sich auch ein längeres Stück der Hinterlandmauer erhalten. Der Verlauf des Mauerradweges ist ausgeschildert. Die S-Bahn überquert auf einem großen Brückenkomplex die Liesenstraße. Die Fernbahngleise sind stillgelegt und eingezäunt.

REINICKENDORF

Grenzturm in Nieder Neuendorf erinnert an den spektakulären »Fall Weinhold«

»100.000 Mark Belohnung« hatte 1976 der Generalstaatsanwalt der DDR für »zweckdienliche Hinweise, die zur Ergreifung des Täters führen« in einem Steckbrief ausgelobt. Gesucht wurde damit der 1949 in Dresden geborene Werner Weinhold – »wegen Mordes«. Er sei dringend verdächtig, am 19.12.1975 in Hildburghausen zwei Angehörige der

Nach tödlichen Schüssen suchten die DDR-Behörden den Deserteur per Steckbrief.

Grenztruppen der DDR ermordet zu haben, hieß es da. Nach seiner Entlassung aus der Untersuchungshaft in Marl/BRD halte er sich außerhalb des Staatsgebietes der DDR verborgen.

Die ganze Geschichte dieses in Ost und West gleichermaßen aufsehenerregenden Falles erfährt der Neugierige nicht etwa in der Nähe des Tatortes Hildburghausen in Thüringen, sondern im Grenzturm Nieder Neuendorf gegenüber von Heiligensee in Reinickendorf. Im Erdgeschoss des original erhaltenen Wachgebäudes hängen nicht nur eine Informationstafel und jener zu politischen Propagandazwecken formulierte Steckbrief. Werner Weinhold sitzt hier sogar in Form einer lebensgroßen Puppe in Hemd, Hose, roter Krawatte und schwarzen Schuhen. Nicht wenige Besucher erschrecken sich, wenn sie die Figur entdecken.

Der »Fall Weinhold« war mehr als nur eine gewöhnliche »Republikflucht« – sie hatte durchaus tragische Folgen. Werner Weinhold behauptete in den Gerichtsprozessen gegen ihn in der Bundesrepublik immer wieder, »aus Notwehr« auf die beiden Grenzsoldaten geschossen zu haben. Diese hätten zuerst das Feuer auf ihn eröffnet. Die Beweise aber sprachen gegen diese Version. Danach war Weinhold vor seinen tödlichen Schüssen zuerst aus der NVA-Kaserne in Spremberg desertiert und bewaffnet mit einer Maschinenpistole und 350 Patronen in einem gestohlenen Trabi quer durch die südlichen Bezirke in Richtung Westgrenze gefahren. Drei Tage und Nächte hielt er sich in einer Scheune kurz vor der Sperrzone auf, aus der er die große Abriegelungsaktion von Grenztruppen, Polizei und Staatssicherheit beobachtete und in der er sich an Vorräten bediente. Mehr als 8.000 Mann überwachten ein nur wenige Quadratkilometer großes Gebiet. Dennoch konnten sie Weinhold nicht aufhalten. Er stieß auf den Posten »401« und erschoss den 21-jährigen Gefreiten Klaus-Peter Seidel und den ein Jahr jüngeren Soldaten Jürgen Lange.

Die Obduktion der Leichen ergab, dass die Grenzsoldaten sitzend und liegend und ohne jegliche Gegenwehr getroffen worden waren. Nachdem Weinhold in der ersten Verhandlung 1978 noch freigesprochen und mit Blumen beglückwünscht worden war, folgte einige Jahre später ein erneuter Prozess mit beglaubigten Zeugenaussagen aus der DDR. Wegen Totschlags wurde er schließlich zu sechseinhalb Jahren Haft

Der Grenzturm in Nieder Neuendorf zeigt eine sehenswerte Ausstellung über den Alltag der Teilung.

verurteilt, von denen er drei Jahre tatsächlich absitzen musste. Wie nach der Wende geöffnete Stasi-Dokumente belegten, bestanden detaillierte Pläne zur Ermordung von Weinhold. Sie kamen wohl nur deshalb nicht zur Ausführung, weil die DDR die dringend benötigten Kredite aus der Bundesrepublik nicht durch ein internationales Aufsehen auslösendes Attentat gefährden wollte.

Heute wird nur im Beobachtungsturm an der einst so streng bewachten Grenze im Berliner Nordwesten an die einmalige

Alle Gegenstände auf der »Führungsstelle« stammen aus dem Bestand der Grenzer.

und tragische Geschichte vom Dezember 1975 erinnert. Die übrigen Räume illustrieren den Überwachungsapparat entlang der Grenze zum Brandenburger Umland. Die Soldaten und Offiziere steuerten von hier aus gleich 18 weitere Grenztürme, die kaum einen Quadratmeter an der Sperrlinie unkontrolliert ließen.

Informationen

Der 1987 am Havelufer gebaute Grenzturm in Nieder Neuendorf diente als Führungsstelle für insgesamt 18 weitere Beobachtungstürme. Es ist das letzte erhaltene Bauwerk dieser Art in Berlin und Umgebung. Auf mehreren Geschossen wird die Geschichte der deutschen Teilung dokumentiert, vor allem mit Blick auf die Folgen für die Region im Nordwesten. Ein Audioguide führt durch die zweite Etage, wo ein Film auch den Alltag der Grenzer schildert. Der Turm wird von der Stadt Hennigsdorf betrieben und ist von Anfang April bis Anfang Oktober dienstags bis sonntags von 10 bis 18 Uhr geöffnet.

Zu erreichen ist das Bauwerk mit dem Bus 136 von Spandau nach Hennigsdorf bis zur Haltestelle Am Oberjägerweg. Autofahrer nutzen die Spandauer Landstraße, die in Nieder Neuendorf zur Dorfstraße wird.

Quellen- und Literaturverzeichnis

Alliierten-Museum, Berlin 2014

Beckmann, Katharina / Derksen, David / Haesecke-Diesing, Robert / Leitner, Florian: *Field Station Berlin,* Berlin 2013

Berliner Spreepark Plänterwald, Berlin 2014

Berliner Unterwelten e.V., Berlin 2014

Die Berliner Mauer, Berlin Story Buchhandlung & Verlag, Berlin 2008

Die Mauer, Das Asisi-Panorama zum geteilten Berlin, Berlin 2013

Funkhaus Berlin Nalepastraße, Berlin 2014

Gedenkstätte Berlin-Hohenschönhausen, Berlin 2014

Gedenkort SA-Gefängnis Papestraße, Berlin 2014

Industriesalon Schöneweide, Berlin 2014

Olympiastadion, Besucherzentrum, Berlin 2014

Rundfunk Berlin-Brandenburg, Fernsehreihe »Geheimnisvolle Orte«, Berlin und Potsdam, 2012 und 2013

Stiftung Preußische Schlösser und Gärten Berlin-Brandenburg, Potsdam 2014

Tempelhof Projekt GmbH, Berlin 2014

Bildnachweis

Alle Aufnahmen: Claus-Dieter Steyer

S. 17, 18, 20: Mit freundlicher Genehmigung durch die Keshet Geschäftsführung GmbH & Co. KG

S. 35: Mit freundlicher Genehmigung durch das Alliierten-museum e.V.

S. 51, 52: Mit freundlicher Genehmigung durch die Tempelhof Projekt GmbH, www.tempelhoferfreiheit.de

S. 71, 72: Mit freundlicher Genehmigung durch die Olympia-stadion Berlin GmbH

S. 91, 93: Mit freundlicher Genehmigung durch die Stiftung Preußische Schlösser und Gärten Berlin-Brandenburg / Fotograf: Claus-Dieter Steyer

S. 133, 134: Mit freundlicher Genehmigung durch die Stiftung Gedenkstätte Berlin-Hohenschönhausen